新潮新書

山田肖子
YAMADA Shoko

学びの本質

1060

新潮社

第4章　学校はどんどん変わっている　69
「ひとはなぜ学校に行くのか」「そもそも、学校に行くことは当たり前なのか」エチオピアとガーナを調査しながら「学び」の主体性を解き明かす。

第5章　社会で求められる能力　105
問題を把握し、結果に至る道筋を考え、自分の知識や技術を組み合わせることで解決する――現代社会で必要とされるのは「非認知能力」という、見えないスキル。

第6章　アフリカから日本の教育を見つめる　126
学校に通いながら工場で仕事を学ぶ、大学を中退し起業、就職は官僚よりコンサルタント。アフリカと日本の若者を取り巻く、学びとキャリアのセルフプロデュース。

第7章　AI時代の学習とは何か　158
情報の入手が極めて容易になった現代、私たちは表面的な情報であれば瞬時に得ることが出来る。テクノロジーは学びの場に一体何をもたらし、何を奪うのか――。

第8章　何を語るかではなく、誰が語るか　178
SNSでいいね！がたくさん付いた情報は本当に正しいのか？　これからの時代の知識伝達のカギになるのは、発信者の言葉の信頼性と道徳性。
終　章　価値が多様な時代にもとめられる知恵　195
おわりに　201
参考文献・資料　206

序章　学校という檻から飛び出す教育

　人間はいかにして学び、そうして得た知識は、いかにしてその人自身やその人を取り巻く社会にとって意味があるものとなるのか――この問いの答えを私はずっと求めてきた。

　私は研究者として、ガーナやエチオピアを中心に、アフリカ社会での教育や知識形成を研究している。本書は、その研究過程で得た知見をもとにしつつ、アフリカを超え、日本を含めたより広い「ひとの学び」についての探究をまとめたものである。なぜ、アフリカから日本を見つめることが必要なのか？　それは、日本に居たら当たり前すぎて疑問を持たないようなことが、他の社会のレンズを通すことで照らし出され、結果的により本質的に人間社会の在り方について思いを巡らせるようになるからかもしれない。

　私の研究者としてのキャリアは、１９９０年代半ば以降のアフリカでの経験と違和感からスタートした。初等教育の就学率が就学年齢人口の30～70％ぐらいだったアフリカ社会に、学校教育が暴力的なまでの急速さで拡大されていった時代である。その様子を観察しながら、幼少期から思春期の大半の時間を過ごすことが当然とされている日本の学校教育という制度について、アフリカ社会での研究を通して理解し直すようになった。「学校にさえ行ければ、教育の権利を享受したことになるのか」「学校に行かなくとも、人は別の形でずっと学んできたのではないのか」こうした当初の違和感に駆り立てられるまま、私は研究に没頭していった。

植民地時代にヨーロッパの宗主国が学校教育制度を導入した際の議論を歴史資料から分析する。学校を取り巻く地域社会の視点から教育の意味をとらえ直す。学校外の仕事の場で従業員や徒弟として学ぶ若者の知識形成過程を追跡するなど、様々な調査を行った。

バラバラに見える研究のピースを積み上げれば、それらをつなぐ地下茎がきっと見えてくる。そのためにはどのピースにも精魂を込め、全力で取り組まなければならない。なぜなら、手抜きしたピースはきっとどこにもつながらないからだ。そうした愚直な思い込みの強さが、研究者としての私の原動力だったと思う。

こうした作業を夢中で積み重ねて20年以上が経ったが、ここ数年、私が地道に広げていた研究の地下茎が、日本での知識形成や学びに示唆をもたらすのではないかと思い始めた。いじめや教師の過重労働など、学校教育にまつわる課題は従来から数多く指摘されてきた。とはいえ、それらの指摘も学校制度の下、教科書を使って教師が大勢の生徒に授業をする教育スタイルや、その成果を生徒の達成度テストで測定する評価の枠組みの本質を融解させるものではなかった。

近年、学びは学校という檻からどんどん飛び出している。いまやインターネットでキーワード検索すれば簡単に情報が手に入り、YouTubeで10分程度の解説動画を見れば、時事や芸能人のゴシップから壊れた家電の修理方法までわかる。教科書を使って体系的に学んでいなくても、短期的に欲しい情報の入手には困らない。

コロナ禍が加速させた「学校でなくとも学べるもの」

一方、2010年代に入る頃から、高校や大学を卒業して就職する人材が雇用する側の期待するような能力を持っておらず、学校の教育が世の中の需要に合っていないのではないかという批判が高まってきた。知識基盤の経済が深化するなか仕事の場で求められる能力も刻々と変化し、学校卒業後も知識を常にアップデートする、いわゆる大人のリスキリング（学び直し）の必要性が増してもいる。

つまり、生徒が社会に出てから直面する現実のなかで、問題解決できて新しい知識を自ら学び続けるための基礎力や学ぶ姿勢を身に付けるよう、学校のカリキュラムの内容や教授法を見直すべきだというのである。

こうした議論は以前から起こっていて、学校でのアクティブラーニング（教員の一方的な講義ではなく、生徒に能動的に考えさせる授業の方法）の促進や、大学入試改革にもつながった。２０２１年１月から導入された大学入学共通テストは、「知識の活用」に重点を置いて、従来の記憶力を試すような試験から解答に至る道筋や自分なりの思考を重視する試験になっている。

しかし、こういった傾向はあくまで既存の学校制度の範囲内の話で、入試やカリキュラムを微調整すれば世の中とのズレが解消できるだろうという考え方がベースにあり、日本の教育を根本から変えるものではなかった。

ところが、そこにコロナ禍が訪れた。「学校でなくても学べるのではないか」「学校は社会が本当に必要としている知識を教えていないのではないか」など、漠然とした違和感がじわじわ広がっていた社会で、学校に通うという当たり前の日常が断絶される事態をもたらしたのだ。

当然、従来通りのシステムをいかに動かし続けるか、学校現場も文科省も専門家も様々な議論をした。自宅待機が続くなか、学びを止めないために、あらゆる工夫がなされた。そうした中に、タブレットなどの個人用端末を使った学習の急速な導入があった。

コロナ禍以降、エドテック（Educational Technology）と呼ばれる分野はＩＴ業界で大変な活況を見せている。その中には、進捗状況や興味に応じてクイズの難易度やテーマが変わるなど、ＡＩ（人工知能）によって個人に最適化されるものが多く存在する。

従来の学校教育では理解が早い生徒が飽きてしまったり、反対に授業速度に追いつけない生徒がいたりと個々の理解度に差がある。にもかかわらず、学年のカリキュラムと学習到達目標は全員同じである。このシステムは全体の平均を底上げし、日本の均質で比較的高水準な人材輩出には貢献してきた。

他方、何かに特に秀でたり、学校の枠組みに収まらない生徒の能力を引き出すことにはあまり向いていない。コロナ禍とそれに伴う各種学習サービスの拡大は、公的制度の枠内で均質に保たれてきた教育の世界に、民間ビジネスの大幅な領域拡大と学習の個人化をもたらした。

さらに、2022年11月に米国のOpenAI社が発表したChatGPTとそれに追随する生成型AIは、暗記したパターンの再構成であれば、AIが十分人間に取って代われることを示してしまった。学校のカリキュラム内容ほどパターン認識されやすいものはない。AIは難関校の入試も、医師や弁護士、会計士の国家試験だって突破してしまうだろう。

「人間ならではの知」とは

では、人間にしかない知とは何なのか。それはどのような人々が、どのような経過をたどって形成していくものなのか、その知の生成に学校は何らかの役割を担うのだろうか——。

今、こうした「人間ならではの知」に関する問いは認知科学、進化生物学、情報工学、心理学、教育学、哲学など様々な立場から発せられている。人間は便利で豊かな暮らしを求めて様々な進化を繰り返し、技術を開発してきた。しかし、今やそうして生み出してきた技術が、もはや人間の思考力を超え、場合によっては人間を支配してしまう存在になろうとしている。

人工知能を搭載したコンピュータが人間社会を支配する映画『マトリックス』や、人間の分身が仮想世界で徒党を組み、戦い、恋愛をする映画『アバター』の世界は、もはや荒唐無稽な空想とは言い切れなくなった。では生身の人間の生は、知は、いったいどこに向かうのか。

ＡＩは環境から得られた情報のパターン認識から、次に起こる蓋然性が高い事柄を類推する。従って、パターンの当てはめでしか物事をとらえられないのなら、人間は知的活動においてＡＩに劣ってしまうかもしれない。

しかし、テクノロジーや様々な価値を生み出してきた人類の歴史は、人間が過去から伝えられた発想の再生産や単線的な延長ではなく、創造的に、時には断絶を伴う跳躍をもって、知識の地平を拡げてきたことを示している。そうした跳躍的な思考はいかにして可能となるのか？

ときどき、現代社会に生きる私たちは創造性を発揮しないように訓練されてしまっているように感じることがある。学問は細分化され、それぞれの枠組みにはまらない越境的な研究が生まれにくくなっている。官僚機構も企業も古いものほど組織のルールや手順が複雑化し、前例のないことが評価されにくくなっている。おかしなことだが、人間を飼いならしているのは、人間が作った制度そのものなのである。

ChatGPT は発信者の学問分野や立場、国籍の違いなどに関わりなく、ネット上の大量の情報から学んでいるのに、AIの学習の情報源である人間は、往々にして枠組みを超えた発想をしないように訓練されている。

この訓練は私たちの生育過程や社会生活の中に深く織り込まれ、気づかないうちに「常識」となって私たちの思考にフィルターを掛ける。しかし、フィルターは絶対ではなく、時代や環境によってアップデートが必要である。そのことを私は、アフリカの植民地時代から現代までの教育と知識について考察する中で気づかされた。

本書では、そうした気づきを得るまでの旅路を振り返りながら、人間はいかにして知識を獲得し、いかにして新たな知を生成するのか、いわば「学びの本質」について考えを述べたいと思う。

第1章　アフリカとの出会い

「人間の大地」に惹かれて

博士号を取って学者になるなんて、よっぽど勉強が好きだったのか――読者の中にはそう思う人もいるかもしれない。しかし、私は「今、これを勉強しなさい」と言われても体が思うように反応しないタイプだった。中高生の頃は試験の当日に寝過ごして、ぶっつけ本番でテストに挑んだこともある。

苦手な科目は面白さがさっぱり分からず、しっかり赤点も取った。もちろん受験をして大学に入り、その後も英語能力試験のTOEFL、アメリカの大学院に留学するために必要なGRE、さらには司法試験も受けたことがある。しかし、試験用の勉強は総じて苦手だ。得点を上げるテクニック自体をゲームとして楽しめばよかったのだろうが、そういう要領の良さが私にはなかった。

大学3年生の時だったろうか。犬養道子さんが書かれた『人間の大地』という本を読んだ。犬養さんは飢えに苦しむ発展途上国の子どもたちや難民の問題は他人事ではなく、先進国の我々が無駄な消費をすることが、グローバルな経済構造を通して途上国から搾取する結果になっていることを鋭く指摘していた。バブル経済末期で浮かれている世の中に何となく乗り切れない、つまりイケてない大学生だった私はこの本に非常に影響を受け、途上国の開発に関わる仕事をしたいと思うようになった。

1991年の春、早稲田大学法学部を卒業し笹川平和財団に入った。ここで東南アジアの国々の人材育成プロジェクトを担当する研究員（プログラム・オフィサー）として4年間ほど働いた後、1995年にアメリカのコーネル大学に留学し、国際開発学という分野で修士号を取得した。

その時点では、研究職として働くことは全く考えていなかった。英語も大して得意ではなく、アメリカの大学の授業についていくのがやっと、もともと勉強がそれほど好きでもなかったからだ。ここでいう「勉強」とは、与えられた課題をこなして教えられた内容を習得するという意味のそれである。

もちろん、大学院ともなれば与えられた課題に触発されて自ら探索し、知識を広げる機会が与えられているし、そうすることを期待されてもいる。しかし、当時の私はただ目の前のことをこなすのに精一杯で、自発的な探索どころではなかった。博士課程に進学して研究を深めようなどと考えられなかったのである。

そんな私がアフリカと出会ったのは、1996年に修士論文の調査でケニアとマダガスカルを訪れたことがきっかけだった。2か国あわせて2週間程度の短い渡航で、その時はアフリカという地域に足を踏み入れたと言っても、論文のテーマである「米国国際開発庁（USAID）の組織改革」について、USAIDのスタッフにインタビューするのが主な目的だったので、現地の社会にはほとんど触れなかった。

多少なりともアフリカの人々と接するようになったのは修士号を取得した後、開発援助のコンサルタントとして、学校建設や教員養成のプロジェクトの調査団に加わり訪れるようになってからである。その仕事をしていた3年ほどの間にケニア、タンザニア、それと西アフリカのギニア、ガーナを複数回訪れている。

当時は、初等教育の就学率が低い国々に先進国の援助機関がこぞって学校を建て、そこで教える教師を急ごしらえで増員し、就学率を上げるために、国際社会が一致団結しようとしていた。そうした流れのなかで、教育分野の専門コンサルタントとしてデビューした私は、就学率の低い後発開発途上国の仕事を受注することが増えていった。

もともと笹川平和財団ではアジアの案件を担当していて、アフリカに思い入れが深かったわけではない。しかし、当時は教育専門のコンサルタントというとアフリカか南アジアの仕事が多く、一度仕事で訪れた国の案件を再び受託することも多いので、結果としてアフリカに頻繁に行くことになった。

援助プロジェクトにかかわる業務というのは、コンサルタントに発注がかかる前に大体の落としどころが決まっている。政府間もしくは国際機関との間で内容と援助方法の大枠は合意されているので、一介のコンサルタントが、「現地の人と話してみたら、本当の教育のニーズは想定とは全く違いました」などと報告をすることはそもそも期待されていないのだ。

アフリカといっても多様である。私のように現地の言葉も分からない新米コンサルタントでもそれは体感できた。私たちは、たくさんの学校建設予定地で住民集会をひらいて「意見聴取」を行い、集まってくれた人たちが現地語で雄弁に語ってくれたことをまとめた。しかし、彼らの言葉を通訳が英語やフランス語にして私たちに伝えるとき、それはずいぶんと短くなり、援助プロジェクトの実現に都合のいい内容（学校が足りなくて困っているとか、もっと教師が必要だとか、学校ができれば住民は学校の維持管理に積極的に参加するなど）になっている。疑わしいことはあっても、プロジェクトのための調査ではそれ以上の追及は業務の範疇を超えていた。

だが、与えられた課題に対してはあまり勉強家でないくせに、気になりだすと掘り下げたくなってしまうのが私の性分である。

援助業界では今、学校建設と就学率拡大が流行で、そのための情報だけが求められる。どこの国でも同じような調査をして、同じような報告書を書かされる。でも、学校が物理的に建設されて、そこに通うことだけが教育の課題ではない。援助の対象となっている社会にとっては、教育とはもっと深く文化に根差したものではないのか。この社会の人々には、住民集会で通訳が伝えてきた内容より、きっと教育に対してもっといろいろな経験や考えがある……。

そんな思いが膨らんできたある朝、私はギニアの田舎町の丘の上のホテルで、谷底の川から立ち上ってくる現地の人たちの生活音で目が覚めた。料理や洗濯、子どもの水遊びの音を聞きながら思いを巡らせるうち、ふと、ちゃんと研究するために、また大学院に行こうかなと思ったのである。

そのとき私は既に30歳目前で、研究者としては決して早いスタートではなかった。そこから約1年間を奨学金や大学院の応募に費やし、1999年の秋から米国インディアナ大学教育学研究科の博士課程に留学し、比較国際教育学とアフリカ研究を専攻することになった。

イギリス総督と植民地教育

遅れて研究の世界に入り先が見えないことへの不安を感じつつも、私は学ぶことの楽しさに没頭するようになった。今までもやもやと思っていたことが理論家の文章で鮮やかに説明されたり、考えもしなかった発想が示されたりする。そんな考え方があるのかという驚きと知的興奮が、明け方まで本を読んで寝不足ハイになった脳を揺さぶった。

大人になってからの学びのいいところは、本人の動機が強いことだ。そして、学びに至るまでの経験や思考過程があることで、同じ授業で与えられた題材でも心に響き、自分のものにする素地ができている。次に知りたいことを手繰り寄せ、自分なりの知識のパッケージを作ることができるのだ。

これがいかに重要で、現代の知識形成の在り方を特徴づけているか——それは後述するとして、そうした考えに至った背景の一つに、自分がそういう学び方をしてきたことがある。自分の中に動機がない受動的な学びは、学び手の頭の中に知識の積極的な意味づけを伴わない。もっと言えば、感情を伴わない知識は覚えても活用されない可能性が高い。そのことを勉強があまり好きでない私は体で知っていたのかもしれない。

もっと社会に根差した教育研究をしたいと考えて大学院に戻ったものの、どんな切り口や手法で学術的な調査論文にするのか、具体的な研究計画はまだなかった。そこで、ともかくも現地で予備調査をして研究の方針を固めようと、留学した翌年、２０００年の5月から8月にかけて西アフリカのガーナに向かった。

先進国や国際機関による途上国援助には流行がある。私がコンサルタントとしてアフリカに行くようになった90年代には、小学校に行けない就学年齢の子どもをなくす、いわゆる「基礎教育普遍化」の旗印のもと、初等教育への援助が大いに流行していた。

もっとも国際協力は予算も人材も限りがあるので、何かが優先されると他の何かが手薄になる。「教育開発」分野では就学前（幼児）、初等、中等、高等教育、職業技術教育、ノンフォーマル教育などの各分野の間で優先順位が入れ替わるのである。

１９６０～70年代には、後期中等～高等教育（高校から大学）に援助が集中した。第二次世界大戦後、多くの旧植民地が西欧の宗主国から独立を果たしたものの、国家としては脆弱で発展途上であったため、独立国家の様々な分野のリーダーになれる人材を早く養成する必要があると考えられた。そのための教育、すなわち高度専門人材の養成が優先されたわけである。

しかし、こうした高等教育支援は、その後長く続く初等教育優先の時代に停滞する。1980年代以降は学校があまりない農村部や貧困層を中心に、エリートよりも大衆を対象とした基礎的サービスとしての初等教育が重視されたのである。

つまり、私が2000年にガーナを訪れたときには、大学の施設や蔵書に対する海外からの支援が何十年も途絶えた状態だった。また、政権が何度も入れ替わる不安定な時期を経て、ローリングス大統領のもと一応は民主化していたものの、大学に国家予算が十分に配分されるような状態でもなかった。

ガーナ大学は植民地時代の末期、1948年に宗主国イギリスによって創設された。中心部にあるコロニアル風の古い建物は、白亜の壁とオレンジ瓦に往年の威容が偲ばれたが、何となくうらぶれていた。大学の中央図書館 Balme Library は、コンピュータ室も設置された現在のそれとはまるで違い、書架の本もまばらで、蔵書は1960~70年代以降新しいものはほとんど入庫されていない様子だった。

博論のネタを探しに訪れた図書館で私が手に取った数冊の本は、どれも植民地時代後期から独立直後のガーナに関する歴史書だった。それらを読むと、1919～27年にゴールドコースト植民地（後のガーナ）総督を務めたゴードン・グギスバーグが、この国の教育制度の礎を築いたことが分かってきた。

ゴードン・グギスバーグ（1869―1930）

戦間期（第一次、第二次世界大戦の間）といわれる短い時期、ヨーロッパ諸国は戦後復興を急ぎ、政府主導の経済計画を推し進めた。イギリスやフランスなど多くの植民地を抱えていた宗主国は、植民地から持ち込まれる資源への依存を強めつつ、一時的に経済浮揚を遂げた。

1929年の大恐慌で急落するまでの浮かれたこの時期に、資源をたくさん輸出できる富裕な植民地を統治したグギスバーグは、類まれな指導力と理想主義、道徳観、そして現実に根差した鋭い洞察力を備えた人物だったという。その彼が大型輸送船の接岸できる港や、内陸の金やカカオなどの資源輸送用の鉄道建設とともに注力したのが、植民地臣民の教育だった。

熱帯の図書館で窓のルーバーからときどき吹き込む生暖かい風。額から汗を滴らせながら、私はざらざらした本のページを繰っていった。そしてある一冊の本（Agbodeka 1976）の中に、グギスバーグの１９２７年植民地議会での一般教書演説を見つけた。後にロンドン郊外の公文書館（Public Record Office）で読むことになるその演説の全文は長く饒舌で、胸を張って響く声で語る彼の雄姿が目に浮かぶようだった。ガーナの図書館で私が目にしたのは、その中でも演説の2年前の１９２５年に発効した教育法（The 1925 Educational Ordinance）について語っていた箇所である。

キリスト教布教団等がつくった学校で中途半端に教育され、ヨーロッパかぶれしたアフリカ人は、肉体労働を嫌う一方、オフィスワークにもつけずに失業している。まさに〝教育を受けた〟ことによって、彼らは、アフリカの伝統社会から自らを切り離し、不幸に陥っている。本当の意味の教育とは、アフリカ人の心を失わず、ヨーロッパ人の知性を身に付けたリーダーを育てることである。（Guggisberg 1927）

この言葉の裏には、当時多くのヨーロッパ人に共有されていた考え方が潜んでいる。グギスバーグをはじめ、この時代にアフリカ人インテリ層について言及した人々は、しばしば彼らをDenationalized（非国民化した）Uprooted（根なし）と批判している。「ヨーロッパでやるような教養教育を行っても、教育を受けたアフリカ人は、大衆とヨーロッパ人の間をつなぐリーダーにはならず、むしろヨーロッパ人と同じように扱ってほしいと渇望するだけだ。それは、既に民族自決を求め、独立への機運を高めつつあった植民地を不安定化させるだけで、統治の目的には逆行する」。これは当時、アフリカの植民地統治に関わった多くの人々が共有していた認識だった。

そこには、ヨーロッパ人が考える「いいアフリカ人」像――ヨーロッパ人に対抗したり要求したりせず、融和的で協調的な人材――があり、そうした人格は教育を通じて作り出すことができるという想定があった。

理想主義で能弁なカリスマ政治家だったグギスバーグが、「アフリカ人に必要なのは、ヨーロッパ人とは違う教育だ」と熱弁をふるうさまは驚きでもある。一方で、彼はゴールドコースト植民地に、英領アフリカ最高峰の教育を実現しようと邁進した。

ガーナ独立時に医学や法学などを含む高等教育機関のガーナ大学を持ち、植民地支配から独立した他の多くの途上国よりも学校教育が普及していたことも、当時の制度設計や潤沢な予算配分が大きく寄与していることは間違いない。

グギスバーグの時代と、そこで議論された「アフリカ人に適した教育」について紐解くことは、自分が博士課程に進学することになった動機に深くつながる気がした。

ガーナに作られたモデル校

言い換えるなら、80年近くも前の植民地総督の言葉の中に、現代では当然視されすぎて注意が払われなくなった「学校」という制度の背景にある「支配と介入」の論理をかぎ取ったのかもしれない。

その介入の意図に悪意があるかどうかという話ではない。学校教育とは誰かの意図を実現するための介入であること、その意図は学習者自身もしくは、その者が置かれた社会文化的コンテクストとは別のところから発生する可能性がある、ということである。

現代においてそれを客観的に気づくことは難しくても、歴史としてなら相対化できる。歴史分析を通じて得られた気づきは、転じて現代を理解する映し鏡にもなるはずだ。

グギスバーグ以外にも、イギリス植民地省やキリスト教布教団体など、植民地教育について議論した記録はたくさんあった。彼らは自らが提唱するアフリカ人エリート教育を実現しようと、イギリスだけでなくアメリカの黒人教育の専門家を招聘し、英領南インドなどアフリカ以外の地域のイギリス植民地で行われた教育方法（男女共学など）を導入した。さらにアフリカ人の意見も聴取し、１９２７年にアチモタ学校というモデル校を設立したのである。

アチモタ学校は首都アクラの北の郊外、ガーナ大学からほど近い場所に今もある。この学校は、当時の様々な議論を、実際のカリキュラムや教育実践に落とし込んだ。史料を分析すれば議論と実践の関係も見える上に、実際に通った生徒（インタビュー当時で相当のご高齢ではあるが）の視点から話を聞くこともできる。

つまり、この時代のゴールドコーストを中心に「アフリカ人のための教育」議論を研究すれば、大西洋を挟んでアメリカまで巻き込んだマクロの教育政策としてとらえられるだけでなく、学校レベルのミクロな実践とつなげて把握することができる。

こうして私の博士論文のテーマが決まった。実際には、Balme Library で読んだ本から直感を得たとき、そこまで論理的には考えられていなかった。博論を書いて20年が経う、人前でしゃべったり本を書いたりして、何度もそのテーマを考えたり、別の切り口の研究をするうちに「大学院生の私を突き動かしていた根本的な問題意識はこれだったのか」と徐々に意味づけされてきた部分も大きいと思う。

ある時、大学院の先輩に「アフリカの植民地教育を研究しようと思っているんです」と調査計画書を見せた際、先輩は「そんな研究したって就職先はないよ。やめたほうがいい」と言った。

私は覚えていないのだが、そのとき私は「就職先があるとかないとかでテーマを選んだわけじゃない。私はこのテーマと心中してもいい」とまで言ったそうだ。将来が心配で悪夢を見ることもあった一介の留学生が、よくもそんなことを言ったものだ。私は直感的で、かなり頑固でもあるらしい。

第2章　作られた教育システム

アメリカにある資料を渉猟する

日本やイギリスの大学では、博士課程の学生は基本的に授業を履修しない。その代わり、指導教員のアドバイスを受けながら自分の論文のための文献を調べ、データ収集し分析に取り組む。一方、アメリカでは博士論文に直結することだけでなく、自分が属する学問分野の基礎を広く理解するために授業科目も履修が必要である。

私の場合、修士課程は国際開発行政を専攻していたので、博士課程で専攻した教育学やアフリカ研究、歴史学の授業をほとんど受けていなかった。改めて履修すべき科目も多く、博論の構想を練りながら2年近くかけて必要単位を取ることに専念した。それを終えると博論調査に着手する準備ができているか、審査する試験がある。これをクリアした2001年5月、私はいよいよ博論の本調査に乗り出した。

まず訪れたのはニーニークだ。さきに触れたが、戦間期の英領アフリカ植民地教育は、イギリスだけでなくアメリカからも影響を受けた。1920年、ニューヨークに拠点を置くフェルプス・ストークス財団（Phelps-Stokes Fund）が、イギリスが支配する西、南、中央アフリカの地域の教育事情を視察する調査団を派遣した。その後、1923年に第二次調査団も相次いで派遣された。

23年はイギリス植民地省から「英領熱帯アフリカの教育政策覚書（Memorandum on Education Policy in British Tropical Africa）」が発行された年で、これは内容的にもフェルプス・ストークス調査団の報告書とほぼ軌を一にしていた。フェルプス・ストークス調査団は、アメリカ独立戦争後に奴隷から解放された黒人のための教育モデルを、アフリカの植民地に適していると売り込んだ。それは黒人に単純な農業や産業技術の実習と従順な態度を身に付けさせる「人格教育」を行うものだった。

奴隷として使役されていた黒人が自ら所得を得るために働くようになると、白人の労働者階級の仕事を奪ってしまう——。そんな懸念から、白人優位の社会に融和しつつ、競合せずに単純でつらい仕事を喜んで引き受ける黒人が望まれたのである。

この発想での教育実践が特に成功しているとされたのが、バージニア州のハンプトン校とアラバマ州のタスキーギ校だった。２校は国際社会で大々的に喧伝され、ハンプトン・タスキーギ方式（Hampton-Tuskegee Model）を学ぶため、アフリカから視察が後を絶たなかった。

当時のアメリカでは黒人の解放奴隷に関する教育を広めるため、ハンプトン・タスキーギ方式以外にも複数の非営利財団が支援を行っていた。その中には、石油王のジョン・ロックフェラーが設立したロックフェラー財団もあった。

この財団は医療と教育の分野に力を入れており、アフリカ、アジア、ラテンアメリカで様々な活動に資金を提供していた。日本人の野口英世がロックフェラー医学研究所に所属し、熱帯病の研究に注力していたことを知っている読者は多いかもしれない。その野口が黄熱病の研究で訪れたゴールドコーストで亡くなったというのも、私にとっては浅からぬ縁を感じる史実ではある。

ロックフェラー財団は国内外で行った様々な事業の記録を丁寧に保管している。その保管所の一つ、ロックフェラー古文書センターは針葉樹の森の中に昔ながらの家並みが残る箱庭のような町、スリーピーホローにあった。ニューヨークのグランドセントラル駅から、ハドソン川に沿って１時間ほど北上したところで、ロックフェラー家の古い邸宅に古文書の書庫と閲覧スペースが設けられている。

当時このセンターには史料を調査する研究者のための助成金制度があり、私は数万円程度の助成金をもらっていた。そのお金でニューヨーク市内のドミトリーに泊まり、10日間ほどスリーピーホローに通った。

ただ、確かにロックフェラー財団は20世紀初頭に黒人の農村教育や職業教育、そのための教師の育成などの活動を支援していたのだが、教育事業分野でアフリカに積極的に展開していたわけではなかった。ニューヨークにおける私の研究の本命はフェルプス・ストークス財団だった。

この財団はニューヨークの金融街、ウォールストリートのツインタワーのすぐそばのビルに入っていた。決して大きな事務所ではなく、小さなビルの1フロアぐらいだったように思う。昔の史料を見せてほしいと訪ねてきた留学生に、スタッフは会議録のコピーを綴じた冊子を何冊も見せてくれた。

そんなものを見に来る人がいると想定していないのだろう。専用のデスクなどはなく、応接スペースの隅っこに何日か陣取って史料をめくりながらメモを取った。このほか、ニューヨークではハーレムの公立図書館で黒人公民権運動の資料なども見た。

ニューヨークの次に訪ねたのは、バージニア州のハンプトンだった。ハンプトン・タスキーギ方式の一翼を担ったハンプトン校は、1868年に黒人解放奴隷のために作られた教育機関（Historically black college/university）で、現在はハンプトン大学として存在している。

この学校は開学直後の1872年から1915年ぐらいまで、Southern Workmanという月刊誌を刊行していて、これには当時の黒人教育の考え方や実践、国内外からハンプトンに視察に来た人々の人物評などが掲載されていた。他の図書館には全巻揃っていなかったが、ここでは全てに目を通すことが可能だった。

同じく現存するアラバマのタスキーギ大学にも足を延ばすか迷ったが、ハンプトンでもSouthern Workman以外にめぼしい資料がなく、特に目的の資料があるわけでもなかったので行かなかった。

この2001年の初夏、私は大学の最寄りのインディアナポリスからニューヨーク、ハンプトンを回ってインディアナポリスに戻る道を、すべてグレイハウンドという長距離バスで旅した。修士、博士とアメリカで2回の学生生活を送っている間に何度かグレイハウンドを使ったが、長距離バスは電車が通っていない田舎の町まで行ける上に運賃も安い。一方、荷物をたくさん抱えて座席からはみ出している人、ひっきりなしにしゃべりかけてくる人、人種、年齢、性別、移動目的も異なる雑多な人々が乗り合わせている。一晩中バスに揺られて眠れないし、何度も乗り換えが必要なため、大事な乗り換えポイントで、降りそびれないように注意も必要である。

フェルプス・ストークス財団で見た理事会の議事録は、その後イギリスの公文書館でも散々見ることになる、同財団のアフリカ調査団報告書やイギリス植民地省の「教育政策覚書」と大筋で似たような内容だった。しかし、それを読み解くうちに、財団側の意思決定の日時とその理由付けが分かり、イギリス植民地省の記録や主要関係者の手紙などと照らし合わせることで、大西洋を挟んでアメリカの誰とイギリスの誰がどういう利害で協力したかが判明した。

なぜアメリカ人が、しかも政府でもなく民間の財団が、アメリカの黒人教育モデルを海外に売り込むことに熱心だったのだろうか？

アメリカ黒人教育モデルの輸出

まず、アメリカの国内状況から見てみよう。フェルプス・ストークス、ロックフェラ

し、地元出身の教員による農村の黒人教育を推進したジーンズ財団など、19世紀後半から20世紀初頭に教育に関わる福祉事業を行った公益財団は、どれもアメリカ北部の実業家や篤志家が設立したものだった。独立戦争後、南北融和と社会格差是正のため鉄鋼業や工業で財を成した北部の人々は、有り余る資産の一部を発展が遅れている南部への支援に費やした。その中に黒人への教育事業があったわけである。しかし、人種差別が根強い南部では、彼らに教養教育を授ける事業に対する大きな反発もあった。

ロックフェラー財団の黒人教育支援について、財団の理事長も務めたフォスディックは後年「北部の篤志家が南部の黒人を支援することは白人の反発を招いた。もし南部の白人が万が一にも黒人の教育を認めるとしたら、それは彼らが今置かれた地位から上昇するためのものではなく、よりよい奉公人や作業員になるためのものでしかありえなかった」（Fosdick 1962）と述べている。

こうして、北部の篤志家が南部の黒人の職業教育を支援する構図が出来上がり、その象徴的な成功モデルとしてハンプトン・タスキーギ方式や黒人の教育と農村開発を融合させたジーンズ学校方式などが称揚されるようになった。

一方、成功を求めて北に渡った黒人の中には、高等教育を受ける者も現れた。W・

E・E・デュボイスは初めてハーバード大学で学位を取得した黒人である。在学中にはドイツのベルリン大学に留学し、社会学の父マックス・ウェーバーと親しく交流していた人物で、ウェーバーの人種や財産所有の考え方にも影響を与えたのではないかと言われている。

デュボイスは、黒人に初歩的な読み書きと手作業と従順さしか教えないような教育はまやかしだと激しく批判し、教養教育の必要性を訴えた。一方、ハンプトン校で教育を受け、タスキーギを設立した黒人のブッカー・T・ワシントンは、黒人は白人との平和的共存を求め、大衆を扇動すべきではないと述べている。彼が1895年にアトランタで行った演説は「アトランタの妥協」と言われ、黒人インテリ層から糾弾された。

北部の公益財団は従来通りに黒人職業教育を支援し続ければ、国内の厳しい批判にさらされる。同時に、これまで称揚してきた教育モデルを否定すれば、自らの活動を失敗とみなすことになる。そうした苦渋のなかで見出した活路が、アフリカ植民地だった。国内と同じく、人種間関係を管理しつつ黒人の教育への欲求に応える必要に直面していた植民地に教育モデルを輸出することで、活動の正当性を外生的に担保しようとしたのである。

では、ヨーロッパ側やアフリカ側は何を求めて、どこで利害が一致したのだろうか。

ロンドンで植民地教育の史料を漁る

イギリス側に目を向けるため、ここで再び私自身の博論調査の旅に話を戻そう。2001年の初夏、私はニューヨーク―ハンプトンの旅からヘロヘロになって戻ると、すぐ日本に一時里帰りした。当時の私は、頑張るにしろ休養するにしろ、ポップコーンみたいに飛び回って落ち着きがなかったように思う。

9月からは、イギリスのロンドン大学東洋アフリカ学院（SOAS）に研究生として所属することになっていたが、その前にインディアナ大学で何かの審査を受けるためにアメリカに一度戻らなければならなかった。今となっては詳細は思い出せないが、日本を発った9月11日、シカゴかロサンジェルスあたりで乗り換え便を待っていたそのとき、空港のモニターで、ニューヨークのツインタワーに旅客機が突っ込む映像を見た。状況が分からない中、ニュースでは同じ映像ばかりが何度も流れた。ニューヨークやワシントンDCの空港が閉鎖され、航空便のダイヤは乱れ、いつ目的地への便に乗れるのか分からなくなった。

ほんの1か月半前に、あのツインタワーのすぐ足元にあるフェルプス・ストークス財団に行ったことを思い出しながら、あの史料がどうなったのか、他人事のようにぼんやり考えていたのを記憶している。

その後、インディアナにたどり着き、友達のアパートに泊めてもらっている間も、テレビではずっと9・11の同時多発テロのニュースが流れ、メールでは様々な陰謀論がまことしやかに飛び交っていた。

そんな混乱のさなか、私はロンドンに向けて飛び立った。ギリギリの予算で段ボール2個を郵送し、スーツケース2個にパンパンに荷物を詰め、肩こりで首が回らない状態でヒースロー空港に到着した。大学の寮に向かうタクシーの車窓から、ビッグベンやウェストミンスター寺院などロンドンの建物が流れていくのを呆然と眺め、なんとかたどり着けたことに放心していた。

ロンドン大学ではガーナの植民地政治史の専門家であるラスボーン教授に師事し、早速ロンドン大学SOASの地下の資料室で、英国国教会やメソジスト教会といった布教団の史料を調べ始めた。

それが終わると毎朝、都市間連絡バスに乗ってオックスフォード大学まで行き、ローズハウス図書館に残されているガーナのアチモタ学校の初代校長の手記、アチモタ以外も含めた植民地の学校で教師をしていた人の手紙やメモを読むことに没頭した。

冬が深まるころからは、ロンドン郊外のキューガーデンにある公文書館で政府機関の史料を片っ端から漁った。最初はロンドンの植民地省の教育に関する文献や議事録、次にアフリカの植民地（南アフリカ、東アフリカ、西アフリカ各地）の議会や教育省（日本でいう文部科学省）の文書を調べていった。

冬のイギリスはどんより曇っていることが多い。例によって、めいっぱい頑張らなければという気負いと、気弱さを抱えてメソメソしながら頑張った。とはいえ、寮や先生のゼミで知り合った各国からの留学生と、楽しい濃密な時間を過ごすこともできた。甘い恋も、踊り狂った夜も、プレミア公開されたハリー・ポッターの映画の第一弾を見に行ったことも、学生割引で取った安い桟敷席のチケットでドミンゴのオペラを見たことも眩《まばゆ》い思い出として残っている。

植民地統治としての教育の正体

20世紀初頭、ヨーロッパが支配するアジアやアフリカの植民地では、民族自決を求める運動が高まりつつあった。その契機は二度の世界大戦にある。英仏の植民地から連合国軍に動員されたアフリカ人たちは、それまで絶対的な支配者であった白人の情けない姿を戦場で目撃し、彼らが自分たちと同じ人間であることに気が付いてしまった。第一次世界大戦後に兵役を解かれたアフリカ人は、独立運動の機運をもたらす要因になったのである。これが徐々に高まり、第二次世界大戦後に押しとどめがたい動きとなっていく。

1957年、ゴールドコースト植民地はサブサハラ（サハラ砂漠以南）・アフリカでは最初にイギリスからの独立を果たしてガーナ共和国になった。早くから貿易やキリスト教布教の拠点でヨーロッパ人による教育を受けたアフリカ人が、一定の知識階級を形成しアフリカ諸国の独立を主導していくようになる。

一方、宗主国側に目を向けてみると、第一次世界大戦で焦土となったヨーロッパの復興は急務であった。復興景気は戦争の被害を受けずに順調に工業化を遂げていたアメリカの経済を潤わせた反面、ヨーロッパの社会経済状況は激しく落ち込んだ。戦場となった大陸ヨーロッパに比べると島国であるイギリスの被害は少なめだったとはいえ、死者数は90万人に及んだという。

そうしたなかヨーロッパ諸国の政府は国家主導の経済計画を推進する。もはや本国だけでは経済を立て直せず、食料から鉱物まで植民地からの天然資源が大量に持ち込まれ、復興のための建設事業などによって経済は一時的にV字回復した。

この頃イギリス政府は、植民地をしっかりと統治することが、さらなる資源の取得や工業製品の輸出によって経済を維持していくために不可欠だと認識するようになる。それまでは鉱山や貿易港などの拠点を押さえることが主目的で、広大な領土とそこに住む人々にはほとんど関心を払わなかった。

しかし戦後復興の中で、土地を点ではなく面で支配し、そこに暮らす人々を大英帝国の一部をなす臣民として統治すべきだ、という発想が生まれたのである。鉄道や港湾などの経済インフラ整備だけでなく、人民の健康や教育を向上させるための病院や学校などについても政府が計画的に関与するようになる。

計画的に国家運営を行うケインズ主義的改革は、植民地の教育にもメスを入れた。それまで植民地では、キリスト教布教団体（ミッショナリー）が自由に学校を作り運営していた。第一次世界大戦以前に建設された学校の多くは様々な宗派のミッショナリーによるもので、そこに統一性はなかった。それを国家制度として規格化しようとしたのである。

宗教教育などに偏らないよう、カリキュラム内容や時間配分、教師の資格なども定められ、政府の視学官による視察も行われた。政府が決めた基準をどの程度満たしているかで学校が分類され、補助金額もそのランクごとに決められたのである。

こうした国家計画には、植民地の知識階級が大衆を扇動して宗主国に反発することを抑えなければいけない、という政治的配慮もあった。当時の植民地行政官の多くは、「ミッショナリーが野放図に教養教育を与えて、頭でっかちでヨーロッパ人の真似をしたがるアフリカ人を多く作ってしまった」という反省を共有していた。そして「これからの植民地の教育は内容を精査し、アフリカ人を白人と大衆の間のよき仲介役に育て上げなければならない」と考えていたのである。

イギリスはもともと階級社会で、エリート教育と大衆教育はその理念も教育方法も内容も大きく異なった。そのため、イギリスの労働者階級の教育を植民地で広める、という考え方は多くの人が持っていた。しかし、労働者のための(劣った)教育がアフリカ人に適しているなどと言えば、人種差別だと強く反発され、統治どころか騒乱の種になりかねないことは容易に想定できる。かといって、アフリカ人にこれまでのように〝頭でっかち〟な教育をして〝Denationalized（非国民化）〟させるのも問題である。

黒人職業教育モデルの移転

こうした植民地行政に関わった官僚の視点に対し、ミッショナリーは植民地の反抗的な知識階級を作り出してしまった教育責任の追及から、自らの立場を守る必要があった。植民地のミッション学校は、本部からの資金的支援はほとんどなく、植民地政府からの補助金に依存している。植民地政府に「宗教教育を一切禁じる」と言われれば、布教はできない。とはいえ、イギリス国内では布教も頭打ちで、植民地での布教の大きな基盤である教育を諦める道はない。つまり、布教の芽が摘まれないような形で、植民地政府と協働できることが望ましい。

一方、行政官側も新しい学校を一から作るよりは、ミッション学校を政府の基準に合わせることができれば、効率的な教育制度の運営が可能になる。

ミッショナリーと植民地経営の間で、教育制度についてのすり合わせが開始された。植民地はそれぞれ独立の政府を運営し、自ら政策や予算を策定していたが、それは大英帝国の大きな方針の枠組みの中での自由である。つまり、植民地政府のレベルでいくらミッショナリーが政府と交渉しても、それはローカルな決定に過ぎず、大英帝国の方針が変わればあっという間に無効になってしまう。両者のすり合わせのためには、帝国の首都ロンドンで行われる政策形成で話をまとめることが必要不可欠であった。

　こうしてロンドンの植民地省では、「英領熱帯アフリカの教育政策覚書」の準備のための調査や交渉が、第一次大戦後すぐに始まった。イギリス布教団体の連合体である、国際ミッショナリー協議会（International Missionary Council）の事務局長J・H・オールドハムは、国内外の布教団体とつながり、植民地教育の再定義を進めるとともに植民地省の政策づくりに深く関わった。

J・H・オールドハム（1874―1969）

　布教団体が維持したい宗教教育を政策の中で認めさせつつ、政府の方針に沿った修正をして補助金を受け取るための妥協を布教団体側に認めさせる。同時に、政府が望んでいる「教育を通じてよき人種間の調整役を育てる」ことを実現する政策を提起する。

　これが、戦間期に植民地教育政策の策定に関わった人々の共通の関心だった。そのために、アメリカの南部で黒人に手仕事と簡単な読み書きを伴う人格教育を行い、人種間関係を円滑にしたと評判の黒人職業教育モデルを植民地に移転することは、メリットが多かった。黒人の論客が活躍するアメリカからのモデルとなれば、アフリカ人知識人も納得すると考えられたのである。

政治的なプロセスとしての教育政策

トーマス・ジェシー・ジョーンズ（1873―1950）

史料調査から、イギリス人のオールドハムとアメリカ人でフェルプス・ストークス財団事務局長、トーマス・ジェシー・ジョーンズが頻繁に書簡をやり取りしていたことが分かっている。ジョーンズはフェルプス・ストークス調査団の報告書を書いている間ロンドンに滞在し、イギリスの政府や布教団体の関係者に会っていた。その頃、オールドハムは植民地省の「覚書」の草案執筆を任されていた。

「英領熱帯アフリカの教育政策覚書」が発表され、「熱帯アフリカの現地人教育助言委員会（Advisory Committee on Native Education in Tropical Africa）」が植民地省に設置される予定だった1923年の帝国教育会議の直前にオールドハムからジョーンズへ送られた手紙にはこう記されている。

私は、植民地省次官のオームスビー・ゴア（Ormsby-Gore）氏と話しました〔……〕彼は、5月上旬に3名の西アフリカの総督が（ロンドンに）到着する予定で、彼らは（助言委員会が立ち上がる予定の）会議の前の早い段階で、必ず教育政策についての打合せを行うだろうと言っています。〔……〕お気づきと思いますが、政策が本当に形成されるのは、こうした事前の議論においてです。そこで、3名の西アフリカの総督が、我々と相談しながら教育政策について合意を形成すれば、それは帝国教育会議の議論の流れを決めることになります。
〔……〕今日の（オームスビー・ゴアとの）会話から考えるに、重要な決定は5月になされる可能性が高く、もし我々がその決定に対して影響を及ぼそうとするなら、我々の考えと政策の骨子を5月半ばまでに完全に明確にする必要があります。〔……〕

あなたの協力が何よりも必要です。あなたがイギリスに一日も早く到着することが重要なこと全てのカギです。(Oldham to Jones. March 23, 1923. CBMS-IMC Box 219)

ここでオールドハムが示唆している西アフリカの3つの英領はゴールドコースト、ナイジェリア、ガンビアだと思われる。その中で最初の二つは面積、人口面だけでなく、天然資源による収入から経済力においても重要な植民地とみなされていた。

調査研究で判明したのは「植民地のための教育」という議論はきわめて政治的なプロセスだということである。学習者にとってどういう教育が望ましいかという観点とは別に、政策形成に関わる人々が学校教育という介入のメカニズムを通じて何を実現しようとするかという観点で、各々の立場の違いをすり合わせる作業こそが議論の中心に置かれているからだ。

それは、実際に生徒が通い教育を受ける学校から遠く離れた宗主国の首都で、大西洋の向こう側の国で実施された教育モデルを売り込もうとする人々を巻き込んだグローバルな交渉であった。

今、世界銀行や国連、各国援助機関が途上国の教育開発のために議論し推奨していることはこれと何が違うのだろうか。

この調査は研究者の卵だった私に、グローバルな国際目標は政治的交渉の産物であるという視点を与えてくれた。

政策には流行がある。個々の国の政策は、その国の社会経済的、文化的状況に適応されつつも、グローバルな流行から大きく外れることはない。そして、流行を作るのは人類普遍の価値などではなく、いくつかの集団の利害だったりする。

今回の気づきをきっかけに、私は1990年代に隆盛した国際目標Education for All（EFA）、2000年に国連総会で合意された「ミレニアム開発目標（MDGs）」、2015年の「持続可能な開発目標（SDGs）」の策定過程を分析するようになった。

国際目標と聞くと、普遍的な価値で疑う余地もない大前提のように思うかもしれない。しかし本当は、そこに関わった少数のアクターの意図がどのように調整されたか、その過程にこそ重要な意味が隠れている。

「教育」というテーマでグローバルな国際目標の形成過程の言説を分析することは、私のライフワークの一つである。これは教育に直接かかわる話ばかりでなく、国際政治を理解しようとする際にも批判的視点を授けてくれている。

それには後段で触れるとして、植民地時代の「アフリカ人のための教育」議論がゴールドコースト植民地アチモタのエリート養成学校でどのように実践され、生徒に経験されたかに目を移そう。

第3章　人は何のために学ぶのか？

ガーナでのフィールドワーク

２００2年5月、目まぐるしくも楽しいロンドン生活を終え、私はガーナに向かった。目的はガーナの公文書館や学校図書館等の史料、アチモタ学校や、当時メソジスト教会が運営していた他の高等学校を訪ねて、インタビューできそうな古い卒業生を探すことだった。

首都アクラの公文書館に目新しい史料はなく、イギリスで既に見たものが多かった。何よりも、資料の保管状況にハラハラするばかりで作業が進まなかった。目録を見て史料閲覧を司書に請求すると、奥の書庫から綴り糸で束ねた大判のファイルを持ってきてくれる。しかし、熱帯の気候下、温度・湿度管理もされずに置いてあるので、あちこち千切れていてページをめくるたびに切れ端が落ちる。

史料調査では読みながらパソコンにタイプして写し書きすることが多いが、時々、図表や絵等そのままコピーしたいものが出てくる。今でこそ携帯端末で写真を撮ってＰＤＦに変換することが可能だが、当時は司書にページ番号を指定してコピーしてもらうことになっていた。

ガーナの公文書館には自前のコピー機がなかった。コピーを頼むと、司書がページをファイルから外して外の道端のコピー屋に持っていき、終わるとまた綴り糸を通して元の場所に戻す。既に風が吹くたびに散逸している史料をファイルから「外すのか⁉」「外に持ち出すの⁉」「また綴じるの⁉」という恐怖……。それ以降、二度とコピーは頼まなかったが、研究によって史料を破壊する可能性があることを学んだ。

その後アクラの博物館の前を通るたび、隣の公文書館は今どうなっているのかと思ったものだが、博論調査以降すっかりご無沙汰している。

アチモタ学校はアクラの郊外に位置し、今も設立当時のコロニアル風の建物が現存する。

学校の図書館には１９２０～40年代の学校報がまばらに残っていて、当時の生徒のエピソードが面白く書かれていた。ごみ屋敷のような倉庫には、生徒の通知表らしき書類の山が雪崩を起こしていた。案内してくれた先生に「全然掃除してないから、多分古いものもそのまま残っているよ」と教えられ、初代大統領エンクルマの高校時代の成績が見つかったら歴史的発見だとも思ったが、ほこりと虫で病気になりそうで断念した。

アチモタ以外にケープコーストという町にも訪れた。古くからの奴隷貿易の拠点で、ヨーロッパ人ミッショナリーが作った古い名門学校がいくつもあった場所だ。特にアチモタと双璧をなすと言われた、ムファンツィピムという男子高校に何日も通った。

アチモタやムファンツィピムの卒業生へのインタビューは楽しかった。私の主な調査対象は高等学校だったが、アチモタが設立された1927年に高等学校の生徒だった人はさすがに見つからない。しかし、アチモタには幼稚園、小学校、中学校が併設されていて、低学年から就学した人たちに会うことができた。

アチモタはリーダー人材の養成を目指していたため、教師が伝統的首長（民族集団の長）や地方の有力者などを直接訪ね、子どもをアチモタに入学させるように説得したりもしたようだ。沿海部のキリスト教家庭の子弟ばかりだったムファンツィピムとは対照的に、アチモタの生徒の出身地や親の所得などはバラバラだった。

また、卒業生の活躍も多彩だった。特に設立当初から独立後すぐは、新国家の様々な分野のリーダーの多くがアチモタの卒業生だった。初代大統領エンクルマ、私が調査を行っていた当時の大統領ローリングスはアチモタ出身だ。また、インタビューに答えてくれたご老人たちも、初代商工会議所長やガーナ大学の初代医学部長、エンクルマの政策秘書など、錚々たる人物ばかりである。

独立後のガーナの動乱期を生き抜いた老人たちは、遠い日本から訪ねてきた私を珍しがり、学生時代の話を色々と語ってくれた。彼らの話を聞くためには、電話で道順を教えてもらいタクシーで家に向かうのだが、途中で迷子になることが多かった。携帯電話もない時代だったので、通りすがりの町の電話屋を探し、運転手に説明してもらう。また少し進むと分からなくなるので、電話屋を探す。会いに行くだけで一苦労の時代だったからこそ、向こうも歓迎してくれたのだろう。

ちなみに、当時のアフリカの多くの地域では自宅に電話がない家も少なくなく、電話ボックスはほぼなかった。しかし、２０００年代半ばから携帯電話が一挙に普及し、電話線の電話という段階を経ずに携帯電話での通信に移行した。その普及は、実は日本より早かったのである。

途上国では正規登録をせずビジネスを行う、いわゆるインフォーマル・セクターが国の経済の大半を占めている。未登録のためビジネスの実態を政府側が把握できず、税金を課せない経済活動が多い。一方、インフォーマル・セクターの事業者側としても、税金は逃れられるものの、銀行口座も開設できずローンも組めないので事業拡大が難しい。

こうした状況から、かつては国際開発学の教科書では必ずと言っていいほど、インフォーマル・セクターが縮小し、正規登録される事業体が増えることで経済は成長し、国庫も潤うと説明されていた。しかし、ここ10～20年のアフリカでは、インフォーマル・セクターのまま携帯電話を使ってビジネスを展開し、その信用によって銀行口座なしにローンを借り入れるといった、新しいタイプのインフォーマル経済が成り立っている。

従来想定されてきた発展段階を経ず成長をすることを、リープフロッグ（カエルの跳躍）現象という。これまでの開発理論では説明できないことを単に失敗として括れないほど、急速に成長を遂げている国々が増えている。こうしたことから近年は私が大学院で教える「アフリカ開発論」の授業でも、アフリカを事例に新しい開発論を考えよう、という内容に変えつつある。

アチモタ学校における人格教育

グギスバーグ総督時代のゴールドコースト植民地に戻ろう。１９２３年にロンドンの植民地省で帝国教育会議が開催され、その場で「熱帯アフリカの現地人教育助言委員会」の設立が承認された。グギスバーグが議論の流れを決める重要なアクターとして、国際ミッショナリー協議会のオールドハムやフェルプス・ストークス財団のトーマス・ジェシー・ジョーンズから認知されていたことは先に述べた通りである。

アチモタ学校創立の日（1927）
中央に座ったグギスバーグ総督の左に初代校長のA・G・フレーザー。前列左から３人目は、ゴールドコーストからアメリカに留学し、フェルプス・ストークス調査団メンバーでもあったジェームズ・アグリー。彼はアチモタの教員の中で唯一のアフリカ人だった。

ゴールドコーストの潤沢な資源とグギスバーグの理想主義を背景に、１９２７年のアチモタ学校創立に向けて準備は着々と進みつつあった。

ヨーロッパ水準の知識を持ちながら、

アフリカの伝統への尊敬を持つ指導者を育てるため、アチモタは二つの異なる方向性を同時に追求することとなった。第一の方向は、イギリスの名門パブリック・スクールのリーダーシップ教育の範にのっとり、学校生活の様々な側面を通じて、支配階級の価値観や規範を身につけさせることであった。

パブリック・スクールは、ヨーロッパの中世から受け継がれたとされる騎士道精神と19世紀以降の支配階級の思想を結びつけ、自己犠牲や勇気、忠誠心を重んじる。こうしたイギリス特有の人格教育が、学校行事や教師と生徒の日常的交流のなかでアチモタでも忠実に再現された。

他方、大衆から感情的に乖離しないアフリカ人指導者を育てる必要性もあった。そのためヨーロッパの文学や音楽について〝最高級〟の教育をほどこしながら、アフリカの歴史や言語、伝統的舞踊などを教えることにもかなりの時間とエネルギーが投じられた。

アフリカとヨーロッパの二つの異なる伝統を取り入れ、どちらかに偏ってはならない。実は当時の英領アフリカにおいて、学校でアフリカの伝統を教えるというのは、それまで本格的に取り組まれたことのない挑戦だった。アチモタのカリキュラムを開発する過程はそのまま、教えるべき「伝統」とは何かを規定し、固定化する過程でもあったのだ。

オフォリ・アッタ：少年たちはどのように教育されるべきだと思うか――ヨーロッパ式か、それとも古来の習俗に従うべきか。
フィア・スリ　　：ヨーロッパ式がいい。
オフォリ・アッタ：それはつまりどういうことか。
フィア・スリ　　：英語で読み書きをするということだ。
オフォリ・アッタ：少年たちが古来の習俗を忘れてしまってもいいか。
フィア・スリ　　：だめだ、だめだ!!

右の引用は、後にアチモタ学校の運営委員になったアフリカ人伝統的首長、オフォリ・アッタとフィア・スリの会話である。ここで言いたいのは、フィア・スリの方がオフォリ・アッタより伝統習俗の保護に関心が低かったということではない。注目すべきは、二人の首長が「伝統習俗」をどう捉えるか、西欧化とはどういうことかについて、明確な認識がなかった点である。

首長の権威は伝統的な価値観や社会構造に依拠していた一方、彼らはアフリカ人の自立のために西欧化が必要だと強く信じていた。だからこそオフォリ・アッタは、植民地議会や多くの教育関連の審議会や委員会のメンバーとして、教育の質と機会の向上のために尽力した。教育に関して彼は様々な発言をしているが、最も強く主張したのが地元の歴史、伝統習俗、慣習法を学校で教えることであった。

一方、アチモタ学校の設立に関わったイギリス人は授業で教えるため、伝統文化と歴史の調査、記録、そして教材開発に多大な時間と精力を投じた。学校の設立者たちは、アチモタは単なる教育機関ではなく、ゴールドコースト植民地、ひいては英領西アフリカ全体の調査及び教育基準設定に、主導的役割を果たすべきだと考えていた。ゆえに彼らは伝統舞踊、音楽、民間伝承などを精査し、ヨーロッパの道徳観に照らして正しく、若いアフリカ人に伝えていいものだけを保全する役割を自認した。

アフリカ人をイギリス的リーダーに

朝5時半に起床ベルが鳴ってから消灯まで、学校のスケジュールはイギリスのやり方に従って細かく決められていた。あらゆる学校生活の側面は人格教育のために考えられており、学校や仲間、国家への忠誠心、正直さ、協調性、人民への奉仕、自律、従順さを身に付けさせることを目的とした。校歌をみると、イギリス人がいかにアフリカ人をイギリスのイメージに合うように育てようとしたかがよく分かる。

クマシからアクラまで、ボルタからプラーまで
我らは兄弟、学校は我らの母
母校は我らを導く
我らが教えを広められるように
我らが統治する者となるように
スポーツに打ち込め
母校の名を叫べ
母校の名を遠く広めよ
アチモタは全てのものを導き
我らはそれを誇る
母校はゴールドコーストの栄光
アクラ――（Williams 1962, 25）

イギリスのパブリック・スクールではよく、学校の道徳観や精神を身につけた理想的な学生の逸話を公表したのだが、アチモタも同様のことを行った。例えば、1934年のアチモタ学校年次報告では、学校対抗クロスカントリー競走に学校代表で出場したドグバツェという学生の話が紹介されている。彼は競走の途中からとても疲れてきたが、途中で諦めるのは恥ずべき行為であると思い、倒れるまで頑張り続けた。

教師の一人が倒れたドグバツェの脇に屈んで訊いた。「あと20ヤードだ、終わらせられるか?」ドグバツェは答えた。「駄目です……。悲しいことじゃありませんか? 不名誉なことじゃありませんか? 私のアチモタはどうなってしまうんでしょう?」そういうと彼は頭をたれ、苦悶して死んだ。(アボデカの引用による:Agbodeka 1976, 66)

もしこれが今日の高等学校で起こったなら、教師はたちまち体罰か監督責任不履行で問題にされるだろう。しかし、アチモタに持ち込まれたパブリック・スクール的道徳観では、ドグバッェの行動は高貴な、自己を顧みない学校への忠誠として称えられたのである。

アフリカの伝統も尊重する

イギリスのパブリック・スクールの教育を出来るだけ再現しつつ、それをアフリカの「伝統」に「適応」させる。その実践として、ゴールドコーストにある様々な民族の歴史や伝承、習俗や芸能が調査され、教育に取り入れられた。

その中でも、アフリカの音楽については細かい調査に基づく教育が試行された。その際、アチモタで教えるのに道徳性、洗練度においてふさわしい「伝統的」音楽は何かということが熱心に討議されたのは言うまでもない。

ヨーロッパ人の教員は地域の音楽を聞き取り、譜面に書きとめ、音楽の構成をヨーロッパの音楽理論に照らし、「理解」しようとした。その結果、ある教員がゴールドコーストの民謡はイギリスやヨーロッパの古い民謡と強い類似性があることを「発見」した。そこでアチモタでは、生徒がアフリカの音楽の「低い」発展段階から、ヨーロッパ音楽までの漸進的な発展が理解できる授業の構成が取られた。

他方、質の高いヨーロッパ音楽の教育をすることにも情熱が傾けられ、教師は毎週金曜と土曜にオーケストラの指導をし、音楽に才能を示した一部の学生にはバイオリンの個人レッスンも行った。

一人ひとりの才能を見抜き、それに合った教育をするきめ細かさは初期のアチモタならではである。しかしながら、そこにはアフリカの音楽は原始的で、ヨーロッパの音楽より低い発展段階にあるという前提があった。古来の音楽を演奏する能力を磨くという発想はなく、音楽に才能がある生徒には、より洗練されたヨーロッパ音楽を学ばせるべきだと考えたのである。そして、「伝統の」音楽はヨーロッパの音楽の解釈方法に従って発展段階別に区分され、標準化された。

演劇もアチモタが力を入れた課外活動であった。最初は、「大した練習もなしに、単純な筋書きで、村の場面や農業、首長の屋敷、呪術儀式をユーモアたっぷりに描いたローカル色豊かな、部族語で書かれた」劇が演じられた（Williams 1962, 62）。後に、演劇は教師の助けを得てもっと〝洗練〟された。

1933年の記録によると「Caesaris Incursio in Oram Auream（オラム・アウレム＝ゴールドコーストの地名＝におけるシーザーの進撃）」というヨーロッパの脚本をアフ

リカの状況に合わせて書き換えたものが、チュイ、ファンティ、ガの3つの現地語とラテン、フランス語で演じられている。この劇中で、ジュリアス・シーザーはアチモタ学校の設立者として登場する。以来、生徒はシェークスピアや、ギルバート&サリバンのオペラ「ミカド」などを演じるようになった。

ヨーロッパの劇をアフリカ風に脚色し、現地語で演じることの意義を一概に否定することはできない。しかし、こうした活動の根底には村の生活やアフリカの儀式をドラマ化するより、ヨーロッパの劇を書き換えてアフリカの環境に「適応」させるほうが洗練されている、と信じる傾向があったのは明らかである。

手作業や肉体労働の重視

アチモタの特色は手作業や肉体労働を重視することにも表れている。アチモタのエリート主義的性格からすると、これは少し奇妙にも思われるかもしれない。しかし、アフリカの教育へのアメリカの黒人職業教育の影響という視点から捉えると、ごく自然なことだと理解できるだろう。手作業の科目はアフリカでも広く模倣された、黒人職業教育の明らかな特徴だった。

トーマス・ジェシー・ジョーンズなど、20世紀初頭にアメリカ黒人職業教育のアフリカへの移転を進めた人々は「アチモタはアメリカのモデル（ハンプトン・タスキーギ方式）に従って作られた」と述べている。アメリカにある史料からアメリカの視点で分析すると、手作業や肉体労働を通じた人格教育はハンプトン・タスキーギ方式の模倣だと解釈されがちである。

確かに、ハンプトン・タスキーギ方式もアチモタも、教育は生徒の社会経済的、文化的バックグラウンドに「適応」させるべきだと考えていた。しかし、アチモタの「教育適応」は、ハンプトン・タスキーギ方式で目指したような、既存の経済構造で必要な最低限の技術を身につけ、無反抗に社会に馴染む人材を養成するというより、もっと文化的な性質のものであった。

「体験を通じた人格教育」は、当時の植民地教育に対する異なる見解や期待の結節点のようなものであった。皆が同じキーワードを使いつつ、本当の意味での合意はなかった。アチモタ学校を設立したグギスバーグは、「(ナショナリズムの台頭する) 現在のゴールドコーストの政治状況に鑑みると、ジェシー・ジョーンズ氏の本に書いてあるような、初歩的な教育を全てのアフリカ人民に与えるというような提案は、必ずアフリカ人の抵抗を受けるだろう」と予見した。そのため、アチモタでは白人より劣った労働者の育成を目指していると疑われるような「手作業」はあまり強調されなかった。

アフリカ人エリートでアチモタの設立を支援した人々は、アチモタは第一義的にリーダーを育てる教育機関であり、アチモタにおける手作業は服従を受け入れさせるためのものではなく、手を使って体験から学ぶ全人教育を目指したものだと述べている。

アチモタの教師だった複数のイギリス人教育者が友人への手紙や学校年報、または後年の回顧録で書いているように、教師たち自身ですらアチモタの卒業生がイギリスの支配階級と同等の社会的地位に立つとは思っていなかった。被支配者であるアフリカ人のリーダー（しかも対抗的ではなく、ヨーロッパとの融和を進めるようなリーダー）を育てるという微妙なバランスを目指していたのであるから、これは非常に危うい議論である。

また前述のとおり、英領アフリカに限らず20世紀初頭の教育思想の世界的な潮流は、いずれも体験を通じた人格育成を目指していた。イギリスのパブリック・スクールのエリート教育であれ、民主主義を担う市民の育成を目指したアメリカの進歩主義教育であれ、黒人職業教育であれ、そこは共通しており、そのキーワードを使って、回転ドアのように他の思想や教育理論に話をすり替えることは比較的容易だった。つまり、手作業や肉体労働を学校で教えることを、どの思想を採用してどう正当づけるかは、アチモタの教育者の思いのままだったとも言える。

いずれにしろ、職業的な手作業はイギリスのパブリック・スクールにはなく、アチモタにおいて追加で導入されたものであり、そこに「アフリカ人リーダー」の教育に対する様々な立場からの期待が妥協された様子が垣間見られるのである。

1927年の開校時、アチモタは「手作業」と呼ばれる選択科目を多く導入した。それらは、(1) 木工・製本・印刷・織物・芸術・音楽(以上は2年間の科目)、(2) 縫製・靴直し・籐細工(以上1年間)、(3) 整髪・ラケット修理(以上1学期)である。さらに1929年以降は、鉄工、木材彫刻、染色、製陶、家の内装、車の修理、写真、植物画が「手作業」科目に追加された。他に農業や金属加工の科目もあり、これらの科目では生徒は理論と実践を学ぶこととなった。

植民地教育史の研究から得たこと

パブリック・スクールにも、アフリカのどの民族にもなかった「手作業」の科目だけでなく、アチモタは、男女共学にもこだわった。アチモタをアフリカのリーダーシップ教育の模範校としようという野心と政治的支援が、当時〝先進的〟教育者が有効と信じたあらゆる要素の混成を可能にしたのである。

当時の教育論議のご多分に漏れず、アチモタに関する議論には「適応」の言葉が無数にちりばめられている。しかし実際には、何が何に適応されたかを明確に述べることは難しい。

パブリック・スクールの考え方や儀式自体、一般に言われるような中世騎士道に端を発しているわけではなく、19世紀後半にイギリスの支配階級によって造り上げられたものだった。これと同様に、ゴールドコーストの民族文化も純粋に「伝統的」だったり「土着」のものではなく、アフリカの「伝統」文化として造られたものであった。それは、現にあるものから全くかけ離れてもいなかったが、流動的な実態を完全に捉えてもいなかった。

「伝統」を成文化し定着化させる過程には、イギリス植民地官僚だけでなく、教育者や宣教師、アフリカの首長、知的エリートも関わった。まさに植民者と被植民者の両者が関わった、アフリカのエリート学校という新しい文化の創造だったのである。

また、アチモタ学校モデルに帰結される、当時の大西洋をまたいだ言説、その表向きの理想主義の皮一枚内側には、宗教団体や政府、民間団体のむき出しの利害が調整される政治的力学が存在した。

文献調査では、イギリス植民地省の官僚がやがて設立されるＵＮＥＳＣＯ（国連教育科学文化機関）の教育分野の担い手となり、戦後の国際教育開発の援助の方針や制度枠組みを策定していく過程も判明している。

国際機関も、見方を変えれば植民地行政の延長ともとれるだろう。政治的関心の調整の上に、理想主義や開発理論を重ねてごまかしていないか。私がその後の研究者人生を通して、国際的な援助潮流の表皮を剝いた内側を探る傾向は、この研究者の卵の時に培われた。

第4章　学校はどんどん変わっている

途上国援助の潮流

博士課程に入学して3年8か月が経った2003年5月、私はようやく博士号を取得した。2年の間はひたすら講義科目を履修して、2001年の夏から本格的に調査を開始し、2002年の秋口にインディアナ州ブルーミントンに戻ってからは、起きている時間のほとんどを分析と論文の執筆に費やした。

日本の国際開発機構（FASID）からは潤沢な奨学金をもらっていたが、延長出来ても2年半が限界だった。多少の貯金はあるが、それでもイギリスとガーナを股にかけた調査に加え、論文執筆期間の生活費も考えるとお金は足りない。幸いなことに、留学前のコンサルタントの仕事の伝手で短期の仕事に声をかけてもらえた。ガーナに行く前の1か月の間ギニアでの調査に参加し、ギリギリ足りるぐらいの収入を得られ、なんとか卒業までの生活費を捻出できた。

卒業式には両親が来てくれた。私の名前が呼ばれると、病気で少し不自由になった足を踏んばって父が仁王立ちになり、首からぶら下げた一眼レフを掲げて写真を撮っていた。あのとき父が撮った写真を見たことはないが、どうせ力いっぱいシャッターを押す勢いでブレブレだったんだろう。

博士号取得後、最初の就職先は広島大学教育開発国際協力研究センターの研究員だった。アメリカに居る間に内定をいただき、内見もせずにアメリカからアパートを決め、卒業式が終わって1か月も経たないうちに着任した。広島で半年ほどの研究員生活を過ごした2003年12月、東京の政策研究大学院大学の助教授（今でいう准教授）に採用された。大野健一・泉先生というご夫婦の教授が手がける大型プロジェクトでの、4年間の期限付きのポストだった。

大学院生から不安定な研究員を経て、常勤の大学教員になる――送別にもらった花束を抱えて東京のマンションに引っ越した日、荷物が運び込まれる前のがらんとした部屋に大の字に転がって「ああ、研究でご飯が食べられる」と思った。その日は、鈴本演芸場で落語を見てゲラゲラ笑い、次の日には御徒町の多慶屋でベッドを買った。段ボール箱やスーツケースに入らない家具を買うのが夢だったのだ。

定職に就けたとはいえ、期限付きである。次につなげるためには、この期間にどれだけ研究者としての地歩を固めるかが重要だ。昔は日本の大学ではなかなか博士号を出さず、大学教員を何年も務めて実績を積み上げた人に、お墨付きのように後から授けられることが多かったらしい。

しかし、この二十数年で大学にも大きな変化があった。研究職への就業の有無とは別に、基準を満たす博論を提出すれば博士号が付与されるようになった。とはいえ大学でのポストの数が増えたわけではない。博士号をとっても職がないという人は、むしろ以前より増えている。私が職探しをしていた２０００年代でも既に、期限なしの大学教員のポストを得るのは決して容易ではなかったが、今は社会問題のレベルにまでなっている。そうした観点からも、政策研究大学院大学では４年間貴重な経験をさせてもらい、研究に専念する時間をたくさんいただき、本当にお世話になった。

国際開発コンサルタントの実務から歴史研究という、傍目には関連性がなかなか理解されない研究テーマとアプローチを、すぐ目に見える形でつなぐことは難しい。私が歴史学を選んだのは、現代のアフリカに対する国際的な教育援助や、アフリカ社会で学校が持つ意味を根本から考えたかったためで、歴史学者を目指していたわけではなかった。従って、自分が歴史研究を行った意味を他人に分かってもらうことはいずれの目標とし、まずは自分のキャリアを形成するため、現代の国際開発のコンテクストでアフリカの教育研究の実績を積み上げようと考えた。

政策研究大学院大学で私を雇ってくれた大野教授夫妻、特に妻の大野泉教授は、当時国際協力の世界で重要とされていた「援助協調」をはじめとする、途上国支援の方法に関する研究を進めていた。そのため、私は着任してすぐに2000年代の途上国援助の潮流を理解する必要があった。

教育開発のトレンドとビッグプッシュ論

この本を書いている2024年現在は、欧米や日本など先進国の経済は疲弊し、途上国への援助額も大幅に減っている。しかし、00年代当時は先進国が援助資金を大量に投入し、途上国の貧困削減を推し進めなければいけないと考えられていた。つまりチョロチョロ援助していては効果が出ないので、一気にグイッと押し進める「ビッグプッシュ論」である。

このビッグプッシュで増えた援助は貧困層や女性、農村部、遠隔地などに暮らし、基本的な社会サービスが行き届かない人々への直接的な支援に向けられた。

第1章で述べたように、第二次世界大戦直後から１９７０年代までは、中・高等教育に焦点を当てて、新たな独立国家の各分野を主導するリーダーや技術者の養成が重視された。これは、最初はエリート層や都市に便益が偏ったとしても、経済成長の中核を形成し所得ピラミッドの上の方にいる人々が富めば、貧しい者にも自然に富がこぼれ落ち経済全体が良くなる、というトリクルダウンの考え方に基づいている。

しかし、１９８０年代に入る頃には、この想定に基づく政策や援助は失敗だと考えられるようになった。そこで、経済成長より所得ピラミッドの下の方にいる人々の貧困削減を優先する、ボトムアップの発想が生まれたのである。

とはいえ、80年代は欧米で公共財政の肥大化と無駄が指摘され、政府の役割を縮小し、民間活力を活かして効率化を図る「ニュー・パブリック・マネジメント」が提唱された時期である。従って、ボトムアップの開発を志向しつつも、サービスを受けたい人は少額でも利用料を払うべきだと考えられた。

世界銀行やIMF（国際通貨基金）など、開発援助を目的とする金融機関は低金利の借款（ローン）で途上国の開発資金を援助している。日本も1960年代には、世界銀行のローンで新幹線や高速道路を建設した。日本はその後の高度経済成長のおかげで難なく返済しているが、多くの途上国では金利の支払いが精一杯で、元本の返済もできずに別の借款も受けてしまい、多重債務に陥ることが少なくない。

そのため援助国・機関は戦後何度も協調して債務免除（借金の棒引き）をしているのだが、その際ただ借金を帳消しにするのではなく、援助機関の提言に従った政策や制度の改革を求める。いわば、倒産しかけた企業の株主が企業のガバナンスを向上し業績回復をさせるために、様々な改革要求をするようなものである。

企業の場合、収益獲得が至上命題で、その達成のためにはどんな改革要求も呑まなければいけないという論理に一貫性がある。しかし、国家はその国土と国民に対して主権を持つという国際法上の前提があるのに、経済破綻すると主権も形骸化して外部から介入されるということになってしまう。

ともあれ、80年代には、当時欧米で流行した民間企業の経営方法を公的組織に当てはめる「ニュー・パブリック・マネジメント」に基づいた構造調整計画が、債務免除対象国を中心とした多くの途上国に適用されたのである。

この流れを受け、貧困層の人々も保健所で薬をもらったり、診察してもらうためには利用料を払わなければならなかった。そして、小学校だとしても授業料が課されたのである。

こうした利用料の金額は大きくはなかったが、それでも現金所得の限られた人々が基礎的社会サービスを受けられず、格差が拡大したとの批判が多く聞かれた。そして、この批判の声が、途上国援助のトレンドの振り子を大きく揺らすことになった。

「構造調整」の時代の反省を受け２０００年代に生まれたのが「貧困削減」レジームである。これは公共財政支出を大幅に増やし、たとえ税収アップにつながらないとしても、基礎的サービスを無償で提供するというものだった。

２０００年にニューヨークの国連本部で２５０近い国連加盟国と国際機関の代表によって採択された「ミレニアム開発目標（ＭＤＧｓ）」は、世界が一致団結して世界の貧困削減のためにビッグプッシュすることを決めたものである。

ＭＤＧｓには８つの目標が定められ、そのうち３つは基礎保健に関するもの（乳幼児死亡率の低下、妊産婦の健康改善、ＨＩＶ／ＡＩＤＳをはじめとする感染症の蔓延防上）だった。そのほかの目標も貧困と飢餓の撲滅やジェンダー平等の推進など、恵まれない人々の社会経済的な状況改善を最優先する、という原則に沿ったものばかりである。

そして、教育に関しては「初等教育の普遍化」が掲げられた。この時期、途上国政府は相次いで小学校の授業料を撤廃し、入学したい人はすべて受け入れるという政策に転換したのである。

おじいさんと草原の小学校

日本では2011年に公開された『おじいさんと草原の小学校』という映画がある。東アフリカのケニアでは、政府が2003年に小学校の学費無償化政策を導入したことで、それまで学校に行けなかった子どもや若者が学校に押しかけ大騒ぎになった。そんな中、イギリスの植民地支配への抵抗運動の闘士だった84歳のおじいさんが、当時果たせなかった教育への思いをあきらめきれず、何度も行政や校長に頼みこんで学校に通う話だ。

ケニアの歴史、都市と農村や世代間のズレ、権力関係など、様々な課題を我々に考えさせてくれる作品であるとともに、2000年代前半に途上国で爆発的に就学が拡大した状況をつぶさに伝えている。

映画が公開された当時、私はエチオピア、ケニア、タンザニア3か国の教育分野の予算配分の変化を時系列で比較したことがある。3か国とも1997〜2004年の間は初等教育への配分が教育予算全体の50％を超えていて、エチオピアやタンザニアでは70％を超えた年もあった。同時期から最近に至るまで、日本の初等教育の予算割合は一貫しておよそ30％台であることと比べると、非常に高い割合である。

このようにグローバルな言説が、本来多様なはずの各国の教育政策や実践を標準化していく様子は、英領アフリカ植民地の教育政策が作られた過程と酷似しているように思える。借款援助の債務免除の条件として、各国の政策の基礎となる施策が同時多発的に導入されることも、言説と経済と政治が深く絡んでいることを示している。

グローバルな言説は国レベルでのダイナミズムを条件づけているので、それを理解することは重要である。しかし、実際にそれぞれの社会で起きていることは、グローバルな言説とは必ずしもつながっていない、という視点を忘れてはならない。植民地時代にアチモタ学校での教育を受けた生徒たちにとって、そこでの経験は政策立案者たちが考えたような「伝統」を守るリーダーを養成するのとは違う影響をもたらしていたように。

私は博士論文調査で培った分析視点を、現代に延長することを決めた。一方ではグローバルな援助の言説と、それが各国の政策に取り込まれたり再解釈されたりする過程を、もう一方では国際目標や国家政策から遠い日々の現実の中で、自らの学びの場や学ぶ内容を選び取る人々の営みを追い続けることにしたのである。

ニューヨークの国連本部で政府代表が合意した国際目標が各国に持ち込まれると、政策で用いられる用語や論理構成は変わり、教育省の中に新しい力学が生まれる。しかし、それは、以前から変わらずに存在する現実と、そこで起こる問題への対応に、今までとは別のラッピングペーパーをかけるようなもので、中身は大きく変わらないのかもしれない。なぜなら、各国の教育制度や政策はその国が置かれた状況や歴史的背景のうえに成り立っていて、世界中で同時多発的に推奨される処方箋が、そのまま当てはまるものでは本来ないはずだからだ。

ラッピングペーパーの下にある多様な現実を、どのように追いかければよいのか。それを探るため、最初に学校とその周辺の社会の人々が、教育について何を考えているのかを知ろうとした。しかし、「教育」の専門家という立場から調査を計画しようとすると、私自身がどうしても学校を起点にものを考えるところがあった。

学校というのは、調査の拠点として大変便利である。何も伝手がない村や町で、一から人々の教育についての考えを知りたくとも、誰に何を訊けばいいかも分からない上に膨大な時間が必要になる。

学校を入口にすると、調査許可を取って対象地を決め参加者を得るといったことが比較的やりやすい。後年、私は零細企業や工場で働く人々を調査対象とするようになるが、学校では校長の許可さえあれば、５００人の生徒に質問票を配ったり筆記テストを行うのは比較的容易である。しかし、企業で同じ人数を集めるのはとても大変だ。

一方で、学校の中だけで完結する調査は自分の関心とは違っていた。その頃の私は「学校の窓からその周辺の景色を見ること」と「学校がある景色を外から見ること」、この二つを組み合わせることが大事だと考えていた。教師、保護者、生徒だけでなく、地域の人々の視点をできるだけ深く掘り起こそうとしたのである。

エチオピアの市民性教育

私がアフリカでもっとも長く調査を行っているのは、博士論文の調査から始めたガーナだが、エチオピアにも20年近く関わっている。２００４年に初めてエチオピアを訪れたとき、最初の1週間で私はこの国の虜《とりこ》になり、今となってはガーナより頻繁に訪問している。

エチオピアの何が私を魅了しつづけたのか。もちろん、原始キリスト教の特徴を受け継いだエチオピア正教や、アビシニア帝国の重厚な歴史に支えられた多様な文化も魅力だ。ほかのアフリカの国々とは全く違う食文化や様々な民族の舞踊、エチオピア正教の石窟寺院や儀式なども太古からのエチオピア各地の暮らしを空想させる。

しかし、研究対象として面白かったのは、その当時、最貧国の一つであったにもかかわらず先進国の援助機関の政策アドバイスさえも突っぱねる、いわば国家としての自尊心の強さだった。その頃の世界銀行の報告書の中に「エチオピア政府は扱いにくい」という記述を見つけたこともある。

当時は中国などの新興援助国が出てくる前で、欧米援助機関の影響力が非常に強かった。そのため、お金をもらう側がそこまで援助機関に手を焼かせるなんて面白い、と逆に興味が湧いたのだ。一方でエチオピアには上意下達の側面もあり、政府がやると決めたら制度が短期間で急激に変わる権威主義国家でもある。

エチオピアは1896年のアドワの戦いでイタリアの侵攻を食い止め、他の周辺国がヨーロッパの国々に植民地化される中、アフリカ大陸で唯一独立を保ち、１９７４年に当時の王政が転覆されるまでアムハラ人を中心とする帝国だった。

アムハラ人は周辺の地域に入植し、ほかの民族を支配していた。民族間の対立は国内騒乱の種になりがちだ。騒乱を抑えるために政府は中央集権体制を取りながらも、民族ごとの裁量も広く認め、根本からの国家分裂を避けるというバランス感覚が、常に国家運営上求められてきた国なのだろう。

１９９１年に軍政を倒して樹立した民主政権は、州ごとに異なる公用語や広い裁量権を認める連邦制を敷きながら、その一方で国民統合を図った。多様性を認めつつ統一するための重要な方途として、エチオピア人としての市民性を醸成する「市民性教育」を小学校から大学までの必修科目とし、中央政府が直接リクルートした執筆陣が作成した国定教科書のみを使った。

私がそれまで訪れたアフリカの国では、政府レベルで政策をいくら議論したり施行したりしても、学校現場にはほとんど伝わらず教育予算も現場に届かない、といった状況ばかり見ていた。それに比べると、政府の意向によって、ものすごい勢いで物事が変わるエチオピアはとても興味深く見えた。また、国定教科書で多民族社会にエチオピア人市民を作ろうとする「市民性教育」にも大いに興味を惹かれた。

トップダウンの学校拡大

初等教育を普及させるという政府の強い意思と援助機関の支援によって、エチオピアの初等総就学率は1994～95年の30％から2003～04年の68・4％、2004～05年の79・8％へと急激な成長を示した。

この時代は、どこの国でも初等教育の就学率は右肩上がりに伸びていたが、10年で倍以上になったのはエチオピアぐらいである（もともとの30％が、アフリカ全体で見てもかなり低いのだが）。

もちろん、急激に学校が増加した一方で、教師や教科書の不足、教育機会の地域間格差などの問題はあった。例えば、ソマリやアファールなどの辺境地と、首都アジスアベバなどの都市部では初等教育の総就学率は大きく差が開いており、男女間の就学率の格差も依然として存在した。

2005年から2012～13年頃まで、私は首都アジスアベバの周辺を取り囲むように位置するオロミア州の農村部に繰り返し訪れた。もともとはほとんど学校がなかった地域で、住民が学校や教育についてどのように考えているのかを知ることが目的だった。

２００５年2月に訪ねたとき、国を挙げて就学拡大キャンペーンが行われている最中だった。その一環として村の行政官や教師が、学校に行っていない子どもがいる家庭に戸別訪問し就学を説得していた。中央集権的な行政機構では、中央政府が未就学児ゼロとする目標を掲げると、末端の行政官はその目標の達成に対して強いプレッシャーを負う。

教師にインタビューを行うと、彼らがかなり熱心に保護者に教育の意義を説き、休みがちな生徒の家庭訪問を繰り返し、場合によっては教育費を肩代わりするなど、就学促進に深く関わっていたことが分かった。

その一方で、行政官のなかには目標達成のプレッシャーから、子どもを就学させない場合には学校の登録料より高い罰金を科すという、多少強引な方法を採って就学者を増やそうとする人もいた。２００５年の調査時には強引な就学促進策に対する不満が保護者から多く聞かれた。

しかし、その1年後に訪れた際、そうした不満は減り保護者は子どもの教育への主体的責任感を表明するようになっていた。実は、この1年の間に総選挙が行われ、与野党双方が教育の充実を公約として掲げていた。それにより教育問題がラジオやテレビなどのメディアで頻繁に取り上げられたほか、政党の村レベルの集会や戸別訪問などにより生活の身近な場でも、何か月にもわたって説諭が行われた。総選挙と初等教育普遍化キャンペーンがあいまって、1年という短い期間にもかかわらず、保護者のなかに「子どもは教育を受ける権利があり、親は学校に行かせる人道的義務がある」という認識が生まれてきていたのだ。

こうした認識が本当に保護者の心に根付いているのか、あるいは本心はともかく、そう言うべきだと思っているだけなのか、判断することはできない。しかし、教育の必要性が情報として短期間に広まったことは、キャンペーンの大きな成果であろう。

ひとはなぜ学校に行きたいのか

ちなみに、学校の歴史の長さは保護者や周辺住民がどのくらい学校に関心を持っているかに大きく依存する。2005年の就学キャンペーン後にできた学校では、住民に話を聞いても紋切型の「学校は重要」「教育は親の義務」といった回答が目立ち、取ってつけたような感覚がある。

それに対して古い学校の運営委員会の地元メンバーに話を聞くと、村を挙げて学校を守らなければいけない、と思うに至る出来事が過去にあることが多かった。例えば、害虫が大量発生した際、対策が遅れて農業が大打撃を受けた村では「もしあの時、学校を出て農業普及員などとコネがある人が村にいたら、政府から支援を受けられたかもしれない」と、学校の重要さが共通認識になった。

別の村では隣接する村との土地の境界争いに負け、それが末代まで悔やんでも悔やみきれない経験として記憶されている。村の人々は、隣の村は学校を出て都会で成功している村出身者が法律家を連れてきたのに対し、自分たちの村にはそういうコネがなかったから負けたのだろうと考えている。

学校は知識を学ぶ場所というよりも、利権や情報につながる人材を生み出す重要な拠点としてみなされることが多いのは興味深い。それと同時に、学校は地域コミュニティの資産であり、成績優秀な子どもには、いずれ貢献してくれることを願い、地域ぐるみでお金を出して上の学校まで行かせようとする。

近年、途上国からの海外出稼ぎ者の仕送りは国際協力の援助額をはるかにしのぐと言われているが、村の人に話を聞くと、その仕送りが学校の維持や子どもの就学補助金の原資になっていることがよくある。

学校に行くことの個人と集団への意味

エチオピアは土地の所有や農業の形態が多様である。土地が貧しく家族当たりの耕作面積が狭い地域では、子どもの労働力を必要とするほどの仕事がない。家にとどまられても養えないので、学校に通わせ、現金収入の得られる仕事に就いてもらうほうがよいと考える傾向がある。

他方、土地の規模が大きい地域は常に労働力不足なので、収穫期は子どもが学校に行く場合代わりの人を雇うか、その費用が出せなければ一時的に学校を休ませることになる。このように、子どもの就学は家庭に直接的にも間接的にも、経済的インパクトを及ぼしている。

初等教育普遍化が流行した2000年代、皆が学校に行けば子どもの労働力を搾取する児童労働の問題もなくなる、と考える人々がいた。しかし、一部のアフリカの国々で見聞きした限りでは、児童労働と就学は相互排他的ではなく両立している。

確かに、どちらも中途半端になるかもしれないし、学校が絶対に最優先で児童労働をやめるべきだという考え方も理解できなくはない。しかし現実には、生計の一端を担う子どもに仕事をさせるなと言うのは無理がある状況であった。

従来、村人たちにとって教育は将来のための投資の一形態で、コミュニティや家庭内のリスク分散のためにも、全ての子どもを学校に通わせない場合が多かった。それは、集団を単位とした発想であったとも言える。

それに対し、すべての子どもを学校に行かせるのは社会や親の義務であり、子どもの人権であるという思想は、個人主義に基づいている。そこには「学校に通うこと＝教育権の実現」とみなす前提が存在する。

個人主義が文化的に根付いていて、子どもが学校に行くことを当たり前だと考える欧米と異なり、それまで家族やコミュニティのメンバーに対する教育を「集団の問題」としてとらえてきた社会では違和感が生まれる可能性が高い。

また一口に教育といっても、いわゆる近代学校教育だけとは限らない。たとえばイスラム教には、モスクなどに併設されたコーラン学校という教育機関がある。コーランの暗唱やアラビア語の習得などをしながら、更に宗教的リーダーになる場合、エジプトや中東にあるイスラム教の高等教育機関を目指すこともできる。

イスラム教育は、末端のコーラン学校からグローバルなイスラム世界につながっており、そこには固有の栄達の道がある。イスラム教は信者のアイデンティティの根幹を成すもので、地域の中でイスラムの教育課程を歩む子どもを支援することは、国家の学校教育制度に就学することと並立する選択肢である。

2000年代の学校教育の拡大は、子どもを就学させないことは時代遅れで人権無視だと批判される状況を生み出した。私が調査したエチオピアの農村では、行政官の説得に応じずに子どもを学校に行かせない親は村八分になってもおかしくないとすら言われていた。そして子ども自身も、学校に行くことが自分の権利であり、他の子どもはその権利を行使している、という観点で親を説得するようになっていた。

近代化は、遅れた慣習を変えることで達成され、それに伴う痛みもある。それを必要な過程だという人もいるだろう。しかし、皆が同じ経路を経て、学校卒業証書を受け取り大人になる、その道から外れれば敗者だとされることも、別の意味での集団催眠だと私は当時考えていた。そして初等教育普遍化政策は、その集団催眠の範囲を広げているのではないかと。

学校を離れて教育を考える

２００７年12月、私は名古屋大学に移った。政策研究大学院大学にいる間に、グローバルな教育言説と国家教育政策の関係、そして教育政策の変化が学校やそこで学ぶ人々の考え方や状況に及ぼす影響を分析した。それは博士論文で戦間期の植民地教育を研究したことと、根底の発想やアプローチは共通しており、歴史ではなく現代のコンテクストでの教育についての理解を大いに深めてくれた。

同時に学校を入り口として調査をすると、どうしても「学校＝教育」という図式が前提になってしまう。それでは都会に出るための通過儀礼や、（具体的なイメージはないが）親や今の自分とは違う未来をもたらしてくれる魔法のような場所という、学校が持つ社会経済的な価値ばかりが前面に出てしまい、「人々がいかに学ぶか」という教育の本質に迫れないように感じた。

私が学校制度が人々を選別し、社会の中に割り当てる機能よりも、むしろ「学ぶ」という営みそのものに興味があったことは先述の通りである。ここに来てようやく、学校以外の場で学んだり、学校に来たり来なかったりを自ら選択する人々に着目することになった。

アメリカの黒人職業教育モデルに象徴されるように、植民地時代は学校で生徒に職業技術を学ばせるべきだという議論が多く存在した。当時は黒人職業教育だけでなく、進歩主義教育運動で知られるアメリカのジョン・デューイが「実際にやってみる中から学ぶ（Learning by Doing）」といった経験重視の教育を提唱するなど、頭で考えるだけでなく興味に応じて探索する中から学ぶ、体を使うことが重視される教育思想がトレンドでもあった。

その時代の議論を研究する中で、私は職業と知識の関係に興味を持った。勉強のための勉強でなく、実際に活用することを前提とした知識習得において、職業や生活を学習から切り離すことはできない。活用する場から逆に知識の習得過程をたどるには、職業教育を調べるしかない。

ガーナの伝統的徒弟制度

途上国の学校教育の中での職業教育——いわゆる高校の商業科、工業科——については、戦後多くの批判が寄せられた。日本の労働市場では高専（高等専門学校）の評価が高く、１人の卒業予定者に対する募集の数（有効求人倍率）は常に20～30倍で、大卒の1・71倍よりずっと高い。ものづくり経済大国の日本では職業教育に対してネガティブなイメージはなく、むしろ技術者の社会的地位が高い。

しかし、植民地を経験した途上国では職業教育課程を二流だと考える傾向が強い。それには学校教育そのものが、植民地行政や白人が行うビジネスのために雇用する現地人、つまり宗主国の言葉で読み書きができ、簡単な計算をこなす人材の養成のために始まった歴史が影響している。もともと学校教育はホワイトカラーの仕事に就くための準備という認識だったわけだ。

アフリカ、特にガーナをはじめとする西アフリカでは伝統的な徒弟制度が発達している。ものづくりの仕事をするなら、徒弟になって親方から技術を学び、顧客との関係性も構築しなければ信用を獲得できない環境が前提にある。

要するに、学校教育の職業課程の卒業証書は〝普通課程には行けなかった〟人材という評価を受け、結局、専攻した分野での就職にもあまり役立たなかったりする。卒業した生徒自身も中卒で働き始めた人より高学歴という自負があるので、真っ黒に汚れる現場仕事ではなくホワイトカラーの仕事に就きたいと思う傾向にある。世間のイメージと本人の自負心がずれる結果、就業につながりにくくなる。

このような大衆心理だけが問題ではない。職業課程では専攻が細かく分かれるので、一人の教師が教えられる生徒数が普通課程より少なく（教師対生徒比率が低い）、実習などの機材費も高い。さらに、技術は日々進歩しているので、学校に導入した機材もすぐに時代に合わなくなってしまう。つまり、コストが高くて効率が悪いのが職業教育課程なのだ。

そして、その卒業生を雇う産業界の人々は「職業課程は役に立つ知識・技術を全然教えておらず、欲しいような人材が輩出されない」と不満を述べ、職業教育を信用しなくなるという悪循環が続くわけである。

先進国から途上国への援助額でみると、植民地が独立を果たした直後の1960〜70年代は、職業教育課程への援助が普通課程へのそれを上回るほどだった。新しい独立国家の運営のためには、高度専門職人材が必要だという考えのもと、高等教育とともに職業技術教育が優先されたからである。

しかし、この頃、ガーナの後期中等教育（普通科・職業科高等学校）では、学校での専攻分野は生徒の卒業後の職業との関係が少なく、むしろどのレベルの卒業証書を持っているかの方が就職に重要だった。また、高卒者への求人が多い時代背景においても、職業課程は普通課程より就職率も低かった。

こうした状況に対して、教育学者のフィリップ・フォスターは、職業科の学校が職業準備の役に立つなどというのは誤りだとして「職業教育の誤謬（Vocational School Fallacy）」という言葉で批判した。このフォスターの「職業教育の誤謬」論は、途上国の学校教育における職業教育課程の議論に影響を与え、その後も『職業教育課程は費用対効果が低く、産業界のニーズの変化を捕捉できないだけでなく、卒業生の社会的評価も低い。それに加え、成績が足りず職業課程に進むしかない若者の多くは恵まれない社会経済的背景の人が多いので、職業課程に割り振ってしまうことは差別を助長する』という批判の根拠として引用された。

この議論は理解できるものの、それは学校という制度だけ見た視野の狭い話ではないだろうか。

確かに、途上国の学校教育の課程としての職業教育には問題も多い。しかし、学校かどうかにかかわらず、人間の一貫した活動である学びと仕事を切り離し、学校内での教育を外部と遮断した状態で作り込むことにそれほど意味があるのだろうか。職業につながる知識や技術とそれを身に付ける人々を中心に研究すれば、学校内と学校外の壁はするりと抜けられて、知識習得を、生涯を通したプロセスとして包括的にとらえられるはずだ。

ガーナのように伝統的徒弟制度が非常に成熟していて、近隣の国々からも若者が技術を学びに来る国は、まさにその調査対象地としてぴったりだった。教育学の研究としては決して標準的なテーマや方法論ではない。当初は手探りの研究であったが、私は徒弟制度で有名なガーナのクマシという町に焦点を当て調査を始めた。

学びの場としてのインフォーマル・セクター

クマシはアシャンティ州の州都で、かつてはアサンテ人という民族の王都だった。ヨーロッパ人のアフリカ進出は、おおよそ海岸線から内陸に向かって進んだ。彼らは16世紀の大航海時代に端を発する海洋貿易の拠点を各所に築き、アフリカ人が内陸から運んでくる物資（奴隷を含む）を買い取って、インドやアメリカ大陸とヨーロッパの間を行き来したわけである。

アサンテ人はイギリス人による植民地化に強く抵抗した民族である。クマシは海に面した首都アクラから、250キロほど離れた内陸にあるため、アサンテ王国はヨーロッパ人が海岸部のほかの民族を支配してからも独立を保った。しかし、1824年、63〜64年、73年、93年、そして1900年の5度の戦争を経て、最終的に英領ゴールドコーストへと併合された。

王の権力の象徴であった「黄金の床几」を王国の民が見る前でイギリス人に引き渡す儀式を経て、アサンテ王国は終焉を迎えた。

「全ての道はローマに通ず」ではないが、西アフリカの地図を見ると、クマシを中心に道路が放射状に広がっており、クマシが物流、文化、行政の中心だった過去を偲ばせる。今でも、その市場は西アフリカ最大と言われ、遠方からも多くの人が集まる。

アフリカの国境線は、ヨーロッパの宗主国が地図上で陣取り争いをした結果引かれた、文字通り「線」である。しかし、アフリカの人々はもともと、そんな線とは無縁に生きていた。今でも交易や牧畜、知り合いに会うといった目的で、人々が国境を越えて移動することは割と普通にある。

ときどきアフリカの国の大統領選挙で、候補者の出生地が当該国以外の国なので被選挙権がないのでは、と政敵から攻撃されることがあるが、そこに住む人々の感覚としては、お母さんが実家に帰って出産したぐらいのものなのかもしれない。

いずれにしろ、クマシは多民族社会のガーナにおいても最大グループのアサンテ人が多く住み、歴史が古く、人が集まる街である。アシャンティ州の人口はガーナ全体の15%ほどを占め、そのうち3分の2がクマシに住んでいる。そして、その町の北部にスアメ・マガジンという、西アフリカ最大のインフォーマルな産業集積地がある。

私はしばらくの間、このスアメ・マガジンで徒弟をやっている若者と彼らに技術を教えている親方に話を聞いたり、彼らの仕事ぶりを眺めたりしていた。

いまや日本ではめったに聞かれなくなった言葉だが、徒弟とは師匠・親方の所に住み込んで、家事や雑用をしながら技術を教えてもらう見習いのことである。日本でも、料理人や伝統工芸の職人など、実際に手を動かして仕事をしながら技術を体得することが重要な業種では、現在も細々と続いている。

徒弟制度では師匠や親方と生活も共にする。そのため、仕事に関連した技術を学ぶだけでなく、日常の態度や人間関係の在り方など、職人の人生そのものに触れてその薫陶を受けることになる。

ガーナ、特にクマシを含む南・中部は、イギリスの植民地時代に教育制度が整備され、独立後もサブサハラ・アフリカの中では学校教育の普及度が高い地域の一つであった。クマシはガーナ第二の都市でもあり、決して学校教育が選択肢として存在しないわけではないが、職業技能を学ぶならば学校より徒弟、という通念は根強い。

なによりクマシはものづくり都市として、西アフリカ中にその名を知られている。そのネームバリューから技術者への仕事依頼だけでなく、技能を学ぶために近隣のブルキナファソ、トーゴ、ナイジェリアなどからも人が集まる。

徒弟をしている若者は、中卒程度の学歴の10代から20代前半の者が最も多いが、中には後期中等教育相当の職業学校や、高等教育に分類されるポリテクニック（日本の高専と専門職大学の間ぐらい）に行った者もいる。学校教育歴や年齢、出身地、徒弟を始めた理由など、多様多種な人々が集まっているのである。

スアメの工場で働く若者たち

スアメには推定８万人ほどの人が働いていて、零細インフォーマル工場が所せましと軒を連ねている。90年代の終わりごろの調査では約４０００の金属加工工場と、５０００の自動車修理工場があったという。

ただし、その最盛期は90年代だった。幹線道路に挟まれたスアメ・マガジンは土地に限りがあって、これ以上拡大できない。また、修理や金属加工の需要が徐々に減っているため、近年は縮小傾向だと言われる。というのも、スアメは長年顧客からの需要が高く、内部に様々な専門性を持った小さい工場がたくさんあり、なんでも分業できてしまったことから逆に技術革新が遅れた。今となっては、最新のＩＴ制御の自動車整備に必要な技術が不十分だったりする。それでもスアメに集まる人々は後を絶たない。

アシャンティ州の人口は、植民地時代の欧化政策の影響でキリスト教徒が多いのだが、スアメではイスラム教徒のほうが多い。ヨーロッパ人が海側から植民地化を進めた一方、イスラム教は7世紀頃から、アフリカ大陸の北を大きく覆うサハラ砂漠を、中東の隊商がラクダに乗って東から西に渡っていく途上で広まった。それゆえアフリカ大陸の赤道の北側の内陸部は、今もイスラム教徒が多い傾向にある。

そうした歴史的背景から、スアメにイスラム教徒が多いというのは北からの移住者が多いことをそのまま意味する。西アフリカのイスラム教徒の商売言葉として発展した、ハウサ語が彼らの共通語だ。

フランス語圏のブルキナファソやトーゴから英語圏のガーナに来ると、どうしても言語の壁がありコミュニケーションが難しいが、ハウサ語であればすぐ溶け込める。だからスアメでは、よくハウサ語が飛び交っている。そして朝や夕方には、スアメ内のモスクからアザーンと呼ばれる礼拝の声があたりに響き渡る。スアメに徒弟の機会を求めてくる人の多くは縁故を頼るため、イスラム教徒の親方のもとにはイスラム教徒の徒弟が多い。

スアメには公的な社会保障制度で守られていない人々の、セーフティネット的役割がある。中学校を卒業して町に出たり、遠方からあてもなく移住したりしてきた人々が、まず身を寄せられる場所だ。

本来、徒弟は紹介者を通じ親方に正式に入門を願い出た上で、修業中の謝礼金も払うことになっている。しかし、そういう形で正式に入門した徒弟の脇で、親方の親戚や地元の縁故によって無料で入門した者や、ある日突然転がり込んできたような者も一緒に働いている。

スアメは人の交差点でもある。様々なライフステージの人がそれぞれの目的を持って出入りしている。調査中、ブルキナファソから英語もハウサ語も分からずにいきなり来て入門した若者に出会った。友達と二人で歩いて国境を越えてきたというのだから、やじきた珍道中だ。

飛び込み入門のもう一つの例は、溶接工のリチャードだ。彼は貧しい家庭の長男で、進学の希望がかなわずクマシに出てきた。頭がいい子どもに年長のきょうだいや親戚が教育費を支援することはガーナでは珍しくないが、長男である彼にはそのような道がなかったのだろう。初めはクマシの道端で携帯電話のパーツを売っていたのだが、ある日、「この暮らしには将来がない。何か手に職をつけなければ」と思い立ち、今の親方の工場に徒弟として入門した。

都市のストリートで行商している若者は多いが、彼らの多くはリチャードのように、教育も人脈もなく田舎から出てきている。そうした中でリチャードは現状を打開するため、技術を身につけようと親方の門戸を叩いた。

そして彼は自分の人生を切り開くため、溶接技術だけでなく今後は電気工の修業もしたいと私に語った。学校というチャンネルを通さず、自分の才覚で複数の分野の工場での徒弟修業を組み合わせ、キャリアを形成しようとしている。

もう一人、インタビューの中で興味深いバックグラウンドを持つ青年がいた。25歳のアブドゥルだ。彼は近隣の職業学校の実習でスアメの工場に働きに来て、学校を卒業した後そのまま居ついた。ここで学ぶ実践的な技術が自分でいずれ起業するためには必要だと思ったからだ。

彼は今や徒弟頭として、親方がいない間の工場を任されている。とはいえ彼もずっとスアメにいるかどうかは分からない。起業前にもう一度、以前より上の段階の学校で資格を取りたいと考えているからだ。

このように、学校の実習の後スアメに居つくケースというのは時々あり、中にはポリテクニックの生徒まで居たりする。ただポリテクニックの生徒の場合は、ずっとスアメで暮らすというよりは、技術を学びながら学校を卒業して、フォーマル・セクターの大きな会社に就職したいと考えていることが多い。

なぜ学校に通うだけでは不十分なのか――そこにはスアメの評判の根底にある、顧客のニーズに応える技術の高さが関係している。こうした場で修業することは、理論を体系的に学ぶ学校教育とは逆の発想を身に付けることにつながる。

持ち込まれた車が動かない原因がどこにあるのか、という疑問に答えるには、エンジン、イグニッション、ラジエーターなど、様々なパーツにおける故障を現象から逆算して特定しなければならない。エンジンが動くメカニズムを知っている必要はあるが、それだけでは問題は解決できない。

スアメの熟達した機械工は、何が問題で、どのような手順で修理をすればいいかを的確に判断する。入門した当初の徒弟は、工場の掃除や先輩や親方の作業の補助をする。そして、少しずつ難しい作業や顧客とのやり取りを任せてもらえるようになる。徒弟制度は顧客との関係性の構築という、ビジネススキルと問題対応型の専門技能を実践を通して学ぶ場なのである。

仕事場で実際の問題解決をするための知識や技術を、いかにして身に付けるか。これは後述する21世紀の新しい知識観の根底に関わる課題である。一見、日本でビジネススーツを着て仕事をする人々の問題解決能力とは無縁のように思うかもしれないが、ガーナのインフォーマル・セクターの小さい工場で真っ黒になって働く彼らの姿は、私たちに学びについて多くの示唆を与えてくれる。

人生のセルフプロデュース

私の皮膚感覚では、途上国の若者は人生のセルフプロデュースに優れている人が多い。親の経済力が低かったり、家庭環境が悪いために良い学校に行けず苦労する「親ガチャ」という言葉が日本でも流行った。社会学的には、親の世代の社会経済状況が子どもに伝えられる「再生産理論」と言われるもので、実際、先進国か途上国かにかかわらず、よく見られる事象である。アフリカでも裕福で教育熱心な家の子どもは私立の中学から名門高校、大学へとストレートで進学する可能性が高いのに対し、農村部や貧困家庭、少数民族、シングルマザーに育てられた若者は、紆余曲折しながらキャリア形成する。お金のために働くこともあるし、親族に助けられたり、自分が助けたり、徒弟をやってから学校に行ったりなど様々なケースが存在する。

もし、最短でいい学校を卒業することが幸運だとするならば、途上国には不運な子どもが多いのかもしれない。しかし、子どものときに不運だったことを環境や他人のせいにして一生を棒に振るのか、自分の人生を自分で輝かせようと試行錯誤するのかは、その人次第ではないだろうか。

本来、幸運か不運かという判断は視点によって異なる、主観的なもののはずだ。学校教育という面では幸運だったように見える人が、実は家族関係で悩んでいたり、社会に馴染めないことも少なくない。

アフリカから日本に来ている留学生のライフストーリーを聞き取った『世界はきっと

変えられる』という本を出版した際、その本のためにインタビューしたある留学生が「日本の若者は簡単に諦める」と言っていたのが非常に印象に残っている。

その学生は「一つのことがうまくいかないからといって、なぜ別の方法を試さないのか。自分の人生は毎日が戦いだったから、精神的に強くなった」とも語っていた。また、別の紛争国から来た学生は「自分にコントロールできないことがたくさんあるけれど、自分に巡ってきた機会を最大限生かす」のだと言っていた。

スアメ・マガジンの徒弟たちを見ると、同年代の若者の多くが中卒で仕事を始めたとしても、漫然と路上で行商をするか、いろいろな親方のところで技術を学んでキャリアアップを図るかは、それぞれの人の甲斐性と創造力次第だということが分かる。キャリア形成とは本来、とてもクリエイティブなものなのだと彼らに気づかされた。

第5章　社会で求められる能力

SDGsと新しい知識観

私が若者の仕事の場での学びに興味を持っている間に、時代は2010年代に入っていた。ここでまた、新たな国際目標の締結に向けた議論が援助業界で高まってくる。国連総会で採択される国際開発協力のための目標は、採択時から15年で達成することを目指すという建て付けになっている。

野心的すぎる目標なので簡単には達成できないのだが、大胆に言ってしまえば、国際目標は達成すること自体より、「高邁な共通の目標に向けて世界が一致団結して邁進する」という構図を作ることの方が、むしろ主眼だったりする。

2000年に採択された「ミレニアム開発目標（MDGs）」の場合、2015年までに各目標を達成しなければならない。2013年からはMDGsの達成度について各国がレポートを作成し、アジア、アフリカ、中南米などの地域ごとにとりまとめ、国連での総括につなげる長いプロセスも始まった。そして、最終的に２０１５年9月、ニューヨークの国連本部で２５０を超える国連加盟国や国際機関の代表者によって、「持続可能な開発目標（ＳＤＧｓ）」が採択されたのである。

１９９０年代から基礎教育（小中学校レベル）の普及に向けて、援助のビッグプッシュが行われた結果、就学率は世界的に向上したが、皆が小中学校に行くようになれば、差別化のため、もっと上の教育段階に行きたいと考える人が増える。しかし、30年近くも基礎教育にばかり焦点を当てていた結果、多くの国の教育制度では中卒以降の受け皿が学校教育制度の中に十分に確保されていなかった。

そのことは同時に、ＭＤＧｓで標榜《ひょうぼう》していた「就学率が向上すれば貧困が削減される」という想定が多くの場合、幻想であることを政策立案者に突き付けた。実際、多くの途上国では、２０００年代に若年（15～24歳）失業率が拡大しており、大勢の基礎教育修了者が社会の中でどのように生きていくか、という点までは考えられていなかったのである。

さらに、もう一つ、行き詰まりの要因は経済的なものである。基礎教育の拡大は政府予算や援助資金に依存した分配型政策であり、多くの政府支出を必要とする。しかし、前述の通り途上国ではインフォーマル・セクターが大きく、そこからの税収は望めない。つまり、多くの途上国は十分な歳入の見込みがないまま、分配型の政策に踏み切っていたことになる。この責任は、貧困削減を標榜して援助を一時的に集中させた援助国・機関にも大いにあろう。

いずれにせよ、後期中等教育や高等教育へ進学したいという大衆からの欲求も高まる中、政府は本当の意味で貧困削減につながる、すなわち雇用につながる教育を模索するようになった。

それは、教育を受けた人々がその知識を活かして安定した収入を獲得し、生活設計ができるようになることを意味する。彼らが経済活動を活発化させれば、歳入の増加にもつながる可能性がある。

こうした期待の背景には、アジア、アフリカの多くの途上国で２０００年代以降に経済の好調が続いたこともある。つまり経済が停滞し、所得や社会グループによる格差が固着化しがちだった時期から、経済の活性化により社会流動性が高まってきたのである。

上述のような途上国の状況変化に加え、先進国も含めたグローバルな変化もあった。

世界全体でＩＴ化が進み産業構造が変わる中で、学校教育が教える知識の妥当性についての疑問が提起されたのである。

日本でも「21世紀型スキル」や「エンプロイアビリティ」、「コンピテンシー」といった言葉を耳にしたことがあるのではないか。カタカナばかりで分かりにくいが、要は雇用につながる能力、仕事の場で問題解決できる能力を意味する。

これらの言葉が流行る背景には、世界的に広がっている新しい知識観がある。それは、学校の教科書に記載された内容を多く正確に身に付けていることより、学んだ知識を当てはめて、仕事の場や実生活で問題解決ができる能力こそが重要なのではないかという考え方である。

この新しい知識観は、ＳＤＧｓにも反映されている。ＳＤＧｓは、貧困削減を至上命題としていたＭＤＧｓに代わる国際目標で、世界がより持続可能で公正な社会になることを目指し、２０３０年までに達成すべき17の目標から構成されている。

4番目の目標が「すべての人々に包摂的かつ公平で質の高い教育を提供し、生涯学習の機会を促進する」ことを標榜している。

新しい知識観を反映したＳＤＧ４は、学校教育という制度の拡大だけに焦点を当てるのでなく、学んだ人々が実際に身に付けた知識、技能や態度変容（ラーニング・アウトカム）で評価しようという方向に舵をきった。

ＭＤＧｓのときと同様、国際目標で掲げられた内容やその背景にある理念は、途上国の政策形成に大きな影響を与える。ＳＤＧｓのようなグローバルな理念枠組みができることで、世界の様々な国や地域で既に現実には起こっていたような変化や実践は、正統性の裏付けを得ることができ、更にその路線に沿った政策が推進されるようになるのである。

旧植民地が独立したばかりの１９６０〜70年代の援助は、国家のリーダーとなる人材を急ぎ養成するという名目で中・高等教育に集中していたこと、その後、社会的脆弱層に裨益《ひえき》するボトムアップの援助が重要という言説が主流となり、何十年もの間援助の中心が初等教育だったことは、第1章で述べた通りである。

そして２０１０年代、ついに国際教育協力の言説の振り子は初等教育から再び中・高等教育重視へと振れた（もちろん、初等教育や、更には幼児教育の拡大も引き続き追求されているが）。加えて、学校以外の学習の場を積極的に認知し、学習者の能力を中心に据えたことは大きな転換であった。

仕事の場での知識を解体する

「仕事と教育」という観点で研究していると、様々な国の教育省の職業教育部門の官僚や、職業教育課程の卒業生を雇用する企業の経営者と話す機会が多くある。

政府の役人、企業経営者、職業学校の教員が異口同音に言う言葉が「スキル・ギャップ」である。簡単に言うと、労働市場において雇用者（企業など）が求める能力を求職者が持っていない、更には、そうした求職者の知識・技能を育成するはずの教育機関が、雇用者の期待に応えていないことを意味する。

雇用者側に立てば、教育機関やその背後にある政府が批判されがちだが、一方で教育機関も「仕事に役立つ知識・技能を育ててほしいなら、実習やインターンシップの場を提供すべきなのに、企業が協力的でない」と不満を持っている。スキル・ギャップは不満とともにあちこちで聞かれるのだが、ほとんどの場合、具体的なギャップの正体は把握されていなかった。

昨今、エビデンスに基づいた計画・立案が大事だと言われる。だが実際には、行うべき政策の参考となるエビデンスが自動的に存在しているわけではない。たとえば「スキル・ギャップ」を埋める政策が必要だ、という場合、まず仕事の場ではどういう能力（期待される能力）が必要とされているのかが分かるデータが必要である。更に、そこにある「ギャップ」を見つけるため、労働者が実際に持っている能力（実際の能力）のデータと比較しなければならない。もし「ギャップ」が学校教育の問題なのであれば、学校が教えている知識（教育機関が養成する能力）のデータも必要だ。

ここで問題となるのは「期待される能力」と「実際の能力」のデータはたいてい存在しないので、新たに調査する必要があることだ。「実際の能力」については、学校のテスト結果を使えばいいと思うかもしれないが、仕事を円滑にこなすための総合的な問題解決力は、筆記テストだけでは測れないものも多い。

また、学校教育に関するデータは教育省が集めている一方、労働データは労働や雇用に関する行政を担う省庁が管轄しているといった、縦割り行政の問題もある。

ＳＤＧｓが従来の国際開発目標と大きく違うのは、学校教育という制度の枠を越えて、人が仕事や暮らしの中で生涯学び続けることの重要性を掲げた点だ。しかし、そうした学校外の大人の能力形成を評価し、政策や制度に反映させる方法は確立していない。

つまり「スキル・ギャップ」の課題に〝エビデンスに基づいて〟政府が取り組むため

には、どのデータをどう分析するか、そしてその結果に基づいて何を説明するのかを、まず誰かが考える必要があるのだ。

「初等教育の就学率を上げる」という施策のエビデンスは、学校や地方教育事務所が提出する就学者数の報告を集計すれば比較的容易に手に入れられる。しかし、インフォーマル・セクターの親方の下で修業した徒弟の能力のデータはなかなか手に入らない。そもそも、違う職場で学んだ徒弟の能力をどうやって同じ基準で評価するのか。

スキル・ギャップを調査する

既に述べてきたように、私は学校という制度だけでは、人の学びや知識の本質を理解できないと感じてきた。学校教育で教えられたことを忠実に再現する人材を作りたい場合、科目体系は重要になるだろう。しかし、人が生きて仕事をするうえで必要なのは、自ら判断し、置かれた状況の中で問題解決する能力である。「知識習得」という、広大で生涯を通じた活動の中では、カリキュラム体系に沿って行える部分は一部である。

その一方で、制度はロジックと、そのロジックが正当とみなされるためのデータを必要とする。アフリカの役人や職業学校の校長からスキル・ギャップの話を聞く度に、制度ありきの議論ではスキル・ギャップは本当の意味で解決しないと歯がゆく思ったが、口で説明するよりも、実際にエビデンスを見せる必要があることを感じた。

そのエビデンスとは、一人ひとりの若者の能力を可視化し、それと「仕事の場で期待される能力」や「教育機関が養成する能力」を比較して、制度の外から制度を照らすものでなければならない。

私は「スキル・ギャップ」を埋めるための、ヒントになるデータを提供することを考えた。まず、働く若者一人ひとりの能力を総体として捉える手法を開発する。そこで積み上げたデータに基づき、産業人材に求められている能力を具体的に特定すれば、職業教育のカリキュラムや方法の何が需要からずれていて、どういう介入をすればそのギャップが埋められるのかが分かるのではないか、と考えた。

そして2014～15年頃から若手研究者や大学院生と一緒に、働いている若者の能力を測定する方法を開発して「スキル・ギャップ」を調査するプロジェクトを始めた。一人で研究をするより資金も手間もかかるが、一つの研究分野をつくるためには一人では波及力に限界があり、研究者の卵の雇用も含めた苗床が必要だった。

2017年にSKY（Skills and Knowledge for Youths）プロジェクトという名称を

付け、今までのところ縫製業を対象にエチオピア、ガーナ、南アフリカの3か国で技能評価を行っている。2023年には依頼を受け、パキスタンでも技能評価を実施した。それ以外の取り組みとしては、学校教育歴が短く抽象的な概念に慣れていない若者に対し、ボードゲームを使って楽しみながら仕事の場での問題解決を学ぶプログラムなども開発し好評を得ている。

そして何よりも、政府や企業から「うちにも来て是非技能評価をやってほしい」と言ってもらえることが、困難を乗り越える励みになってきた。

人材の能力とは一体何か

エンプロイアビリティ（雇いたいと思わせる力）や、仕事における問題解決能力とは具体的にどういうものか。ガーナの自動車修理工で考えてみよう。彼らのところには日々、故障して動かなくなった車が持ち込まれる。エンジンに点火しないのか、動力が伝わっていないのかなど、動かない原因を見極め、どの専門家がどのぐらいの時間で修理できそうか、といったことを判断できるかどうかがリーダー格の修理工とそれ以外の人の差である。

ＳＫＹプロジェクトでもコロナ禍で海外渡航できない期間、技能評価のモジュールをオンラインで使えるようシステムエンジニアの会社に依頼したのだが、我々の希望をくみ取り、コンピュータ言語の論理に組み替えてシステムを構築してくれる会社に出会うまで、大変苦労するということがあった。

どちらの例も、顧客が望む結果に至る道筋を考え、問題が起きている箇所と理由を特定し、目的を達するため自分の知識と技術をどう組み合わせればいいか考える能力が求められている。

脳にはテーマや分野ごとに知識を整理する引き出しがあって、新しいことを学んだときは、既存の引き出しに新たに内容が追加されたり、整理され直したりする。この引き出しの中の知識は、インプットしたときの論理に沿って整理されているのだが、問題解決力は、複数の引き出しから目の前の課題を解決するために必要な内容を引っ張り出して組み合わせる能力、また、その前提として、何を引っ張り出せばいいかが判断できる能力のことである。

教科書に書いてあることはとてもよく説明できるのに、その知識を現実に活用できない人や、名門大学を出ているのに、仕事現場で臨機応変に対応できず、仕事ができないと言われてしまう人は、もしかすると、脳の引き出しからいろいろなものを引っ張り出す工夫が苦手なのかもしれない。

従来、途上国の産業人材の能力を考える際、IT技術者ならプログラミング、機械工なら機械の構造や操作など、特定の職業に関する技術（作業的能力）のことばかりに焦点が当たりがちであった。そして、学校教育の成果を測るテストでは、文章の読解、概念の把握、教えられた内容の記憶といった、知識の認知的側面（認知能力）ばかり対象とされてきた。

しかし、近年、実生活で問題解決をするためには、認知能力や作業的能力だけでは足りないと言われている。残りの大部分の知識は何かというと、近年注目を集めている「非認知能力」と言われるものである。

認知でなければどんな能力も非認知に分類されてしまうので、非認知能力の議論は何かを言っているようで実体がないときも少なからずある。また、学問分野が異なると「非認知能力」の意味合いも違っている場合がある。例えば、経済学では個人の性格傾向のこととして使われるが、教育学では「あきらめないで最後までやる力」とか、「自分はできると思う気持ち（自己肯定感）」の意味でとらえることも多い。

ＳＫＹプロジェクトでは非認知能力を把握するための質問項目として、仕事の場で求められる可能性がある態度（正確さ、新しい状況に対応する力、自分で課題に取り組む力、リーダーシップ、チームワークなど）と、個人の性格傾向（開放性、誠実性、外向性、協調性、感情的安定性など）をそれぞれ別個に把握するための尺度を設定している。

このように、仕事場での個人の問題解決能力は、認知、非認知、作業的能力と性格傾向の総体である。これらの能力がどのように組み合わさって問題解決につながるかは、人によって当然傾向も違うし、職種や職場の文化によっても異なる。

非認知能力が大事だと言われると、「非認知能力」という一つの力があって、それを向上させるための決まった方法があるように思うかもしれない。しかし実際には、問題解決するための能力は、解決すべき問題や目標があって初めて発揮されるもので、だからこそ、問題解決を求められている場所や状況においてしか評価できないのである。

前の職場や学校では評価された態度が、場所を変えたら誤解されて評価を下げることにつながったり、自分の技術力が高い分野では皆をリードすることが期待されるのに、技術や経験に裏打ちされないアグレッシブさは嫌われたりする。

つまり能力とは固定的ではなく、一人の人生の中でも、環境や社会の要請に応じて組み合わせを変えている。言い換えれば、自ら状況を捉えて柔軟に組み合わせを変えていけるのが、うまい能力形成——今風に言えばリスキリング——と言えるかもしれない。

学校が、すぐ使える実学の訓練所になってしまうのは問題だという人たちがいる。企業が特定の作業を製品クオリティでできる技術さえあれば、他の知識はなくていいと言ったからといって、学校はその産業に関わる理論や包括的な知識を教えなくていいとはならないという意見である。

もっと敷衍すると、世の中がどう変化しようと、人間が基本的に知っておくべき教養がある、というリベラル・アーツ（教養）教育の発想になる。日本の大学では1・2年生の間に学部を横断した一般教養科目を履修し、3・4年生になると専門科目に入ることが多い。前半の2年間で学ぶ一般科目が「人間が知っておくべき教養」に当たるのか若干疑問ではあるが、世の中の動きに敏感な実学ばかりが幅を利かせるのでなく、もっと長いスパンで人間や社会についての思想や哲学に触れることは重要だろうと私も思う。それは本書の後段で考えてみたい。

学歴と能力が仕事の場でもつ意味の違い

知識・能力を、仕事や生活の中で活用するものとして考えると、それを周囲の人間や社会がどう評価するか、という問題と切り離すことはできない。どんなに博識でも、自分が置かれた場での問題解決につながって初めて、その知識は意味を持つのである。人間は社会的な生き物なので、周囲の環境から完全に断絶されれば、「知る」という行為自体が方向を失ってしまう。

同時に、若者が自らを取り巻く環境からの影響を受けつつ、主体的に、どのようなキャリア形成をしようとしているかも理解する必要があるだろう。前章で登場したガーナの若者たちのように「もっと成功するために次はどんなことが出来るようになればいいか」と自己実現の道筋を描くのも、やはり置かれた環境で、ほかの人たちの仕事ぶりやキャリア形成の様子を見たことに影響されている。

社会的学習論では、個人のキャリア選択の判断は、環境要因に関する自分なりの分析と、自分の能力に関する信頼（自己効力感）の間で調整されると考えられている。つまり仕事での満足度は、個人が自己の能力、興味、価値観、人格、そして自己効力感が表現できる場を与えられたときに高まる。そして、そのような機会を得られる可能性を感じたとき、人は新しい知識を学んでキャリアを形成することに意欲を示すようになる。

「能力」が制度や職場ではなく人に宿るものである以上、社会全体として能力を高めようとするならば、一人ひとりが「自分はもっとやれるはずだ」と考え、諦めないメンタルを持つ環境が必要である。環境と心理と能力の関係をいかに良好に高めるかは、途上国、先進国を問わず、重要なテーマだろう。

２０２２年、私は「知識の諸側面と学歴が、職場での評価（給与）にどう影響するか」を比較した回帰モデルを示す論文を刊行した。

常々、学歴は人の能力の量や質のバロメーターではないと考えてきたが、データをもってそれを実証することは難しかった。その理由の一つは、仕事の場での個々人の問題解決能力を詳細に把握するデータがなかなか取得できないことだ。

人的資本論では、国の経済成長や個人の所得の向上に対して、ひとの能力や資質が影響すると考える。一方、この「能力」を直接測るのは難しいため、手に入りやすい情報の中では「学歴」が最もひとの能力に近い変数だとして、多くの分析に使われてきた。

それ以外に筆記テストを用いることもあるが、テストの結果では認知能力しか測れない。前述のように、人間の能力のうち、認知能力はごく一部である。働いている人であれば猶のこと、非認知能力や作業的能力を把握しなければ、本当に能力の影響を把握できたとは言えない。私の2022年の論文では学歴と能力の比較、能力の要素分解の両方をエチオピアで集めたデータを使い論じた。この分析から、筆記試験の点数は年齢や学歴と必ずしも関係しないことが分かった。我々が作った筆記テストは、学校のカリキュラムだと6〜7年生のレベルに設定した。長く学校に行っていなくても身に付けられる程度の認知能力を測るものなので、学歴にかかわらず出来る人はできるし、出来ない人はできない、という結果になった。

そうなると、学歴の高さは認知能力とは別物だと考えられるが、現実をみると給与の額は学歴の高さに相関する。これは学歴のシグナリング効果と呼ばれるもので、雇用者は採用する時点では個々の労働者の能力や人柄をよく知らないため、学歴を判断基準に人を選別することが多く、それが給与や雇用の可能性に影響するわけだ。

採用時の給与は後々まで影響するので、低い給与からキャリアをスタートした人が追いつくには時間がかかる。しかし我々の調査では、雇用後に給与が上がる要因として、実技能力や非認知能力が大きく影響することが分かった。言い換えれば、長期的に評価されるのは「能力」であり、中でも実際の作業的能力に加え、職場で求められるような態度や行動をとれる人が昇給する、ということである。

グローバル・サウスからの発想転換

高齢化が進む先進国と違い、途上国には若い人口がとても多い。少子高齢化が進む日本の人口ピラミッドは、中高年層のところが膨らんだつぼ型をしているが、若年層が最も多いアフリカの多くの国では、上に行くほどとがった三角形になっている。世界的に見ても、アフリカは消費意欲もイノベーションの潜在力もあって、今後の経済を牽引する大陸になる可能性がある。

実際、2023年度の年間経済成長率が6%を超えた24か国のうち、9か国はサブサハラ・アフリカで、それ以外もアジア、中南米の中・低所得国が目立つ。今はまだGDPの絶対額でいえば先進国に及ばないが、若いエネルギーを糧に、急速に迫りつつある。

これらの国々の経済成長を支えている若者の多くは、中卒または高卒である。もちろん、時間とともに学歴の平均も上がっていくだろう。しかし、ここで紹介したSKYプロジェクトのデータが、彼らの仕事の場での能力とそれに対する評価は、学歴とは別のものであることを示している。

学校教育や保健などの指数が向上し、政府のガバナンス能力が上がれば経済も成長するといった、従来の開発学の教科書の前提を当てはめても、アフリカの成長は理解できないだろう。彼ら一人ひとりの可能性を、いかに我々が慣れ親しんだ制度論的枠組みを飛び越えて理解するかが、20年の研究者生活を通して私が目指してきたことだ。

アフリカではインフォーマル・セクターが活発で、政府が国民のすべての社会経済活動を把握できていない。それを、外から見る我々は長いこと、彼らの社会が「遅れている」証左とみなし、少しでも先進国に似た制度に、少しでもフォーマル化するよう支援する、という発想の中で生きてきた。

人の学びもほとんどはインフォーマルなかたちで起きている。学校教育のデータだけでは、人間の知識形成の全体像を理解することができないことは既に述べた。同じことが、経済データについても言えるだろう。

インフォーマル・セクターの経済活動がいかに活発で、そこで多くの人が働いていたとしても、登録された事業体でない限り、生産、雇用、売り上げなどの情報を包括的に取得することは難しい。そして、情報がない以上、政策にも反映されず、活性化するための計画も生まれない。

教育であれ経済であれ、アメーバのように形を変えるつかみどころのない対象については、計画を立てたり予算をつけたりできない。国家というものには、国民の活動のなるべく全てを制度内に取り込もうとするので、そこからはみ出たものは排除されてしまうことが多いのである。

これは国際協力の構造についても当てはまる。国際機関や先進国の援助機関からの支援のほとんどが、途上国の「国家」に対して提供される。アフリカの国家がいかに腐敗し、大衆から乖離していると批判されても、あるいは、昨今のように国家よりもグローバル企業のほうが国際的な影響力が強い場合でも、その構造は変わらない。

なぜなら、専門分野ごとに役割分担する省庁があり、立法府、司法府があるという、どこの国にも共通の構造を持った政府が国民を代表し、国民のために行政を担うという制度を前提にしなければ、国際協力という仕組みは構想できないからだ。

制度をどう作り改革するかは状況を把握したうえで考えるべきだが、多くの場合、先に制度ががっちり出来上がっているので、大幅な発想の転換は難しい。特に先進国では制度や法規がガチガチで身動きが取れず、その制度を微修正するだけでも時間がかかってしまう。

その一方「開発途上」とされる国々では、むしろ「インフォーマル」なものがインフォーマルなまま21世紀に適応し、リープフロッグを遂げていることがある。こう考えると、新しい事業や発想が勢いよく芽吹く可能性は、アフリカを中心とするグローバル・サウスの方にあるのかもしれない。そしてそれを理解することは、我々自身の可能性を考えることにつながるのではないか。

第6章　アフリカから日本の教育を見つめる

学校という構造

学歴、生涯学習、非認知能力など日本でもよく聞かれるキーワードが、アフリカでは全く違った形で意味を持っていたり、議論されている。それを単に異質だと片づけるのではなく、日本での当たり前を別の方向から見るきっかけにできるのではないか。そこで本章では、これまで出てきたテーマを入口に、我々に身近な教育や知識の話題に触れてみたいと思う。

まず、学校にまつわる事柄を考えてみよう。私たちは日々、学校でのいじめや部活、受験など、教育に関わるニュースを目にしている。日本の高等学校就学率は95%を超えており、学校はほぼすべての人にとって身近な場である。では、その学校は私たちにどのような影響を及ぼしていて、それが現代の変化する社会構造の中でどのような意味を持っているのだろうか。

学校は社会に出る前（就業前）の教育を体系的に実施する公式の機関で、私立、公立にかかわらず、文部科学省の認可を受けなければならない。それは、学校が、国が定めたカリキュラムや設備の要件を満たし、教員免許を取得した正規教員がカリキュラムを教えなければならないことを意味する。もちろん、学校ごとの特色はあるが、認可されるための最低限の条件がある。

つまり学校は、社会が望むような人材を育てるための構造なのだ。個々の生徒はそこで与えられる教育の受容者であり、教師は決められたカリキュラムを誠実かつ正確に教え、生徒が学ぶべきとされる内容をなるべく遺漏なく伝達しなければならない。

近年はアクティブラーニングなど、生徒自身に考えさせ参加させる教授法や、学校独自の取り組みなどが求められるようにもなった。ただし、そうした部分的なボトムアップが奨励されつつも、構造自体はトップダウンで、多少のバリエーションや方向修正はあったとしても、現状維持を前提としている。その良し悪しは別として、構造というのはそういうものである。

受験と学歴信仰

そうした学校制度の中、私たちは受験競争に参加しなければならない。日本を含む東アジアの儒教文化圏の国々では、子どもの教育に対してお金や労力を割くことをいとわない伝統がある。

「孟母三遷」の逸話をご存じだろうか。儒学者の孟子の母親は、子どもの教育にとっていい環境を求めて3回も引っ越し、最終的に学校のそばに住んだという。儒教圏の国々では、家柄よりも能力で評価される、いわゆるメリトクラシーが根付いていて、それゆえ教育熱心である。現在でも入試の日に遅刻しそうな受験生をパトカーで試験会場に送り届ける、などの行動がニュースになるほど学歴信仰は強い。

しかし中国や韓国では今、名門大学を出ても就職難になる若者が増えている。韓国トップ3のソウル大学、高麗大学、延世大学でも、新卒学生の就職率は6割後半から7割前半だそうだ。お隣の中国では2023年5月に若年層の失業率が過去最高の20・8％に達した。家族一丸となって受験勝者となっても、望むような仕事はないという結末を迎える可能性もあるのに、人々はなぜ、そこまでして高い学歴を得ようとするのだろう。

そもそも私たちが学歴を重視するのは、それが分かりやすい成功のバロメーターだからである。学歴は選別の道具に使われやすく、多くの人の目が向く人間の属性である。「誰々ちゃんは○○大学に合格したんだって。すごいわねえ」と言われれば分かりやすいが、「誰々さんは、他の人が気づかないような発想で仕事の効率を上げているらしい」と言われても、同じ職場でない人にはそのすごさが伝わらない。

第5章で学歴が給与に相関するシグナリング効果について紹介したが、知識や能力自体を測っていないにもかかわらず、このシグナリング効果はやがて、仕事の機会の格差という形で、学歴の効果を若者やその親自身に実感させることになる。もちろん、就業した後の成功には学歴以外の要因が重要であることも、薄々知らないことはないだろうが。

「自分のように苦労させたくないから、子どもにだけはいい学校に行かせたい」「とりあえず大学には行け」といった言葉は、労働市場における学校教育の〝交換価値〟を重視したものである。本来の目的であったはずの知識の習得（〝使用価値〟）とは別に、学校に行った証明である学位や学歴が商品のように労働市場で交換されたり、社会の中での人の価値づけに使われることで独自の機能を持ってしまっていることを指している。

こうした学歴信仰は、社会の中のインフォーマル・セクターが構造の中に取り込まれ、ほとんどの社会生活がフォーマル化してくると強まる傾向がある。先に述べたように、エチオピアで初等教育普遍化が強力に推し進められた2000年代半ばから後半に、それまで宗教学校や就業などと並んで様々な選択肢の一つだった「学校に行くこと」が、子どもの権利であり、親や社会の義務である、という価値観が急速に広まったことからも分かるだろう。

これは若者の通過儀礼が、学校という標準化された制度に収斂されていくプロセスでもある。そして、収斂された単線的な経路は、やがてその長さによって比較されることになり、多くの途上国で、初等教育普遍化のあと、人々が望む中等教育の提供が課題となったのである。

イギリスの社会学者で知日派としても知られるロナルド・ドーアは、著書『学歴社会新しい文明病』の中で、近代化のプロセスが始まるのが遅かった国ほど、この傾向が強いと指摘している。急速に近代化を遂げようとする国では特に、学校教育が急速に拡大し卒業証書が求職者の選別に用いられるために、学歴の価値が急激にインフレを起こし学歴志向が高まるという。

現代版「大学は出たけれど」

しかし実は、学校に長く通い続ければ高収入やいい就職につながる、という神話が現実と乖離している国は少なくない。なぜなら、収入や就職は労働市場の需要によって決まるのであって、教育機関やそこに通う生徒や親の想定とは必ずしも整合しないからだ。実際、若年失業率の高い国において、失業している者の多くは大卒者など比較的学歴の高い者である。

開発途上国の場合、国内に雇用を創出するような大企業はほとんどなく、地場産業で需要が高いのは腕のいい職工や何でもこなす事務員である。文系の大学を出た営業や管理部門のエリート職員、理系エンジニアの需要は限られている。途上国に投資する外資系企業も、管理部門では外国人スタッフを派遣する場合が多い。

従って、産業構造が変わらないまま学校教育だけが肥大化しても、学歴神話に裏切られ、さりとて学歴が低い人と同じ仕事もしたくない、という若者が失業状態を続けてしまうわけである。彼らの不満がテロリズムや社会不安の原因になることも少なくない。

日本では、いまや高卒者の6割近くが大学に進学し高学歴化が進む一方、経済は長く停滞し、よくない時期が続いた。労働市場の状況は近年改善してきてはいるものの、親も本人も学歴に投資する際、卒業する頃の社会情勢までには考えられない。個人のレベルで分かる情報は偏っているし、往々にして、少し前の常識に縛られがちである。

大学院の教員をしていると、労働市場の動きと大学院進学の連動が目に見えて分かる。学部の新卒の就職が売り手市場のときは、文系大学院への日本人の受験者は減る。反対に労働市場が冷え込むと、2年間大学院に行って状況が好転するのを待つ心理が働く。その2年間に、学歴も上がるので一石二鳥だと考えるのだ。今、同じことが中国でも起こっている。２０２１年から22年の1年で、中国では大学院生の総数が9・64％増加したという。

しかし、この2年間のモラトリアムを労働市場がどう評価するかは、これも状況によって大きく異なる。

日本の場合、工学、理学など、修士号がほぼ採用の前提になっている専門分野もあるが、文系では、ジェネラリストとして入社後に一から教育し直す前提での採用が多く、修士より2年若い学士が好まれるケースもある。博士号を取っても就職は難しい、高学歴も受難な時代である。

隠れたカリキュラム

同じ年齢の子どもが何十人も同じ教室に集まり、学校全体で同年代が何百人もいるのは、人生の中でもとりわけ特異な状況だろう。

そもそも学校教育制度は、産業革命期のヨーロッパで農村部から大量に流入した労働者の子どもを収容し、分業化された工場で効率的に働く規律正しい労働者を育てるために始まった。イギリスでは、1870年に初等教育法（フォスター法）、フランスでは1867年に初等教育法、ドイツでは1888年に民衆学校国庫補助法が制定され、子どもの就学の権利を認め、学校無償化を伴う近代公教育制度の基礎が築かれたのである。「学級」を明確にし、担任と生徒を固定化し、教育内容、時間と場所をあらかじめ計画することは、工場労働の分業化と似ている。学校教育制度では教師の教授活動がマニュアル化され、学習到達度の目標が設定された。これに従って生徒の達成度が評価され、その結果に応じて生徒が振り分けられる。競争、進歩、効率化という、産業革命以降に浸透した資本主義原理が学校の運営方法にも当てはめられていったのである。

もちろん、効率性だけを重視する場所ではない。学校は子どもがはじめて接する社会でもある。社会のメンバーとして望ましい態度や行動、やってはいけないことを学ぶ。

授業の勉強のほか、部活動や学校行事などを通じて、社会の価値観を自分のものにしていく。この過程を教育学では、学校が明示的に提供するカリキュラムと対になるものとして「隠れたカリキュラム」と呼ぶ。

ただし、この隠れたカリキュラムは諸刃の剣でもある。学校は社会全体の力学や価値観の縮図であるため、学校の外で支配的な人たちの考え方が強く反映される。例えば、移民の子どもが学校で仲間外れになるのは、大人の世界でも移民が弱い立場で、その力学を教師や他の子どもが学校に持ち込むからだと言われている。

第3章で紹介したアチモタ学校では「アフリカの伝統」が、ヨーロッパ人が望ましいと思うかたちに再構成され、教えられた。伝統を教えながらヨーロッパ風の洗練を身に付けさせるという理想を、アチモタの教育を経て伝えられた生徒たちは、両方の要素を受け取りながら、そのどちらでもない新しい文化を身に付けていった。アチモタは意識的に、学校を価値観伝達の場として位置付けていたのである。

いじめと同調圧力

では、日本の学校は、生徒にどのような価値を伝えているのか。1872年(明治5

年）に学制が始まってから30年余の明治38年のデータを見ると、義務教育の就学率は95・6％に達している。以降よほどの例外を除いて、子どもは学校に通うものと考えられてきた。フォーマル・セクターがここまで普及すれば、インフォーマル・セクターは存在しないものとみなされるだろう。

日本は協調性や規律を重んじる社会である。海外の教育学者の知り合いを日本の学校に案内すると、生徒が自分たちで給食の配膳、片付けをし、教室を掃除する姿に感嘆の声を上げる。あるとき、縄跳び検定が体育館で行われる様子を見た。学年も能力も異なる子どもたちが一定の間隔で体育館に並び、一斉に跳び始め、失敗すると即座にしゃがんで応援側に回り、最後まで跳び続けた子に全員で拍手をする。

これを見たアメリカの知り合いは、この光景は自国の学校では起こり得ないことだと言っていた。実際、日本の学校のカリキュラム外活動は海外でも定評があり、「トッカツ（特別活動）」は日本のODAの支援のもと、中東や北アフリカの国々で導入されている。

一方で、同調圧力に対する懸念もある。皆が同じように学校で学び、規律正しく、一糸乱れぬチームワークを披露する。これがあまりに強調されることの息苦しさが、ときに批判されてきた。

体罰を伴う厳しい部活動が「ブラック部活」と名付けられ、運動会での組体操は危険かつ個を軽視した団体主義の押し付けと言われた。何十年も書き換えられていない学校校則は、今となっては逆にコメディなのかと思うほどアナクロで融通の利かないものも少なくないだろう。

私ぐらい古い世代では団体主義は押し付け放題、今なら暴言、暴力と言われることがしつけとして行われていた。地毛が天然パーマの場合、天然パーマ証明書を携帯していなければならず、それがないと、学年集会でバケツの水をぶっかけられたりした（注：人工パーマは、水をかけてもパーマのままなのでばれる）。もちろん、靴下やスカートの丈にもうるさかった。

中学の時、ある運動部で先生に殴られ鼓膜が破れた子がいた。その話を聞いたうちの母は、「ビンタをするとき、耳に手が当たるのは先生のやり方が下手なんだ」とコメントしていた。殴るのはいいけど、上手にやらないといけない、というのは勉強になると私は思ったものだが、これも今の価値観では、そもそも殴ってはいけないとなるだろう。

これ以外にも、疑問を持たずに従っていた謎の学校ルールというのはいろいろあるだろう。こうしたことが社会全体の価値観の変化とともに批判されるのは健全だと言える。

　さて、世代の新旧は措いても、ルール順守も含め、学校は社会生活のために必要な態度を形成する機能を持つ。はみ出してはいけない、という雰囲気に対し、特に逆らわずに馴染める子どもも、その中で学級委員や生徒会長などリーダーシップを取る子どもがいる。

　一方で、そこに馴染めない子どもも当然存在するわけである。自分のほうが馴染めない場合もあれば、他の子どもに異質だとみなされ排除される場合もある。見た目やしゃべり方が違う、行動が同調的でない、家庭背景が人と違う、そういったことがいじめにつながる。

　もちろん、海外でも生徒間でのいじめなどは存在する。思春期には理由のはっきりしないイライラやモヤモヤがあり、それをどう発散していいか分からないことが多いし、学校がすべてで、そこから逃げられないと思ってしまいがちだろう。

　しかし、日本のいじめの陰湿さは、逃げ場が少ない社会で、同調しなければいけないと言われながら、成績を競わされることにも大きく関係しているような気がする。最初から人は違って当たり前であれば、学校以外で自己実現してもいいし、排除の論理は生まれにくいように思う。

2024年の現時点では、およそ30万人の小中学生が「不登校」である。いじめが原因の場合もあれば、外から見てはっきりした原因がなくとも、本人があまり行きたくないということもあろう。

日本では、不登校は深刻な問題だとみなされ、親も教師もその子を何とか学校に行かせられないものかと考える。しかし、「学ぶ」という学校制度の本来の趣旨からすれば、学校に行くこと以外にも、もっといろいろな選択肢が用意されてもいいだろう。それが普通になれば、周囲が不登校の子に対して向ける目ももっとフラットになっていくように思う。実際、最近では、就学形態が通信か通学か選べて、生徒のいろいろな興味関心を育てるような学校が出てきており、とても人気を博している。

違いを排除する思考と序列化

人間は常に無意識に他人と自分を比較し、安心したり劣等感を持ったりすることをなかなかやめられない。この「比べる」という行為の根底には、暗黙のうちに措定された比較軸が存在する。学校の成績はその最たるものだが、所得や出世スピード、車やブランド品といった持ち物も分かりやすい軸かもしれない。

ＳＭＡＰの名曲「世界に一つだけの花」には、人は一人ひとり違うのだから、ナンバーワンを目指す必要はなく、自分の花を咲かせることに一生懸命になればいい、という歌詞が登場する。もともとオンリーワンだ、というメッセージに感動するのは、つまり、我々はやめたくてもどうしても比較し、競争してしまう生き物だという証拠でもある。

裏を返すと、比較できることは分かりやすい判断基準がある、もしくは作り出しているということである。この分かりやすい基準は社会制度を通して具現化される。そして、学校はどこの地域にも存在する、もっとも目に見えやすい社会制度の象徴である。

ガーナの農村部の高校に、仕事も妻子もある年かさの生徒が入学して必死で卒業まで頑張ろうとするのは、高卒資格を取らないと自分は何者にもなれないという劣等感を克服したいからだ。もともとは、一部の子どもしか小学校に行かせず、イスラム教の学校に行かせたり、家業を継がせたりしていたエチオピアの農村部の親たちは、２０００年代半ばに政府や政党が行った就学拡大キャンペーンのあと、学校に子どもを行かせないことを恥だと思うようになった。

すべての人に同じものを〝保障〟する「人権主義」は、多様性を排除し同じ比較軸の上で人間を序列化することにつながる。同じ軸上で、すべての人の幸せを達成するという論理は、一見美しいが不可能である。全員が学校の成績で一番になることはないように。

次頁の図は、平等（Equality）と公平（Equity）の違いを分かりやすく示している、国際開発の分野ではよく使われるものだ。「平等」の方は塀の向こうで行われている野球を見るため、踏み台として同じ高さの木箱を身長の違う3人に与えている。

これを実際の社会政策に当てはめて考えると、彼らに木箱を与えることは、皆が学校に行くべきという政策のもと、学齢期の子ども全員に一律の給付金を配ることである。もともと裕福な家の子どもは、給付金があろうがなかろうが学校に行くし、貰った給付金を私立の学校の費用や家庭教師を雇うのに使うかもしれない。他方、貧しい家の子は、その給付金ではまだお金が足りないので学校に行けない。

真に公平な社会を実現するためには、もともとの身長が低い（恵まれない）人には、多めの支援をしなければいけない、ということになる。

しかし、ここで一つ、違う角度からこの絵を考えてみてほしい。この3人は、本当に全員がスタジアムで行われている野球を見たいのだろうか？

もし全員が野球を見なければいけないと想定した場合、身長の差が影響するという事実は、「野球が見られなかったらかわいそう」という価値を伴い、優劣の問題に置き換えられる。同じものを渇望するように方向づけされ、1つしか木箱を持っていない子どもは、木箱がもう1つないと他の人と同じ目線に立てないことを思い知らされる。

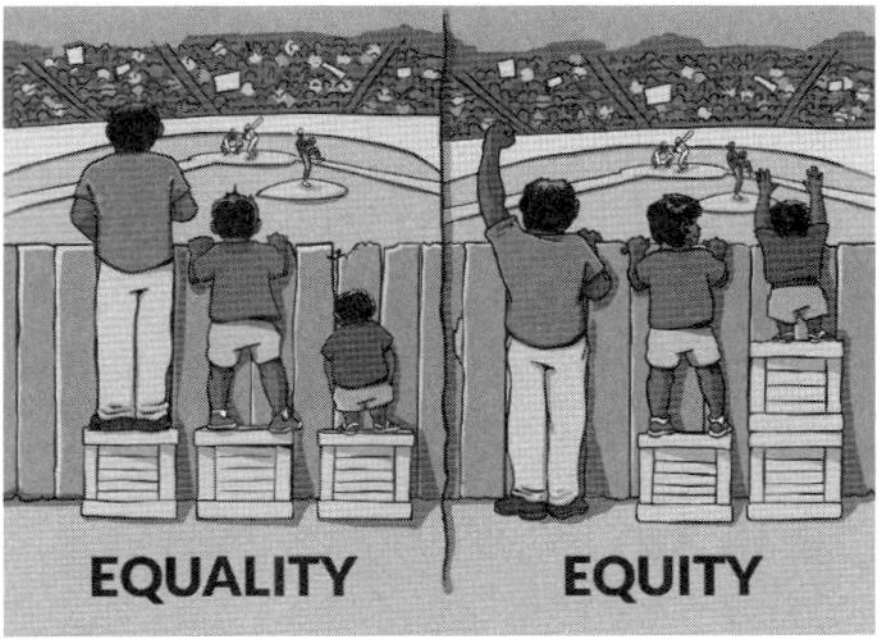

図：平等と公平の違い
出所：Interaction Institute for Social Change 2016

統計学では、便宜上設定した軸に沿って個々のサンプルのばらつきを示す、座標軸という統計データの整理方法がある。統計学上、すべてのサンプルが座標軸上で同じ点に重なることはあり得ないため、どんなデータを並べたとしても、分散は必ず発生する。

そして現実を見ても、同じ学校に通っている子どもが全員、同じような身体能力、同じような学力、同じような経済力を持っていることはあり得ないだろう。必ず、分散が起こる。その分散が優劣の価値判断を伴うならば、「誰もが同じものを欲し、入手できるべき」とする人権主義的公平論は偽善ということになる。

では、偽善でない公平とは何なのだろうか。それは、皆が同じものを学べる環境ではなく、学びたいことも学ぶ環境も多様である前提で、人々が生涯学び続ける意欲を持ち、学んだ内容を現実に活用できる社会であることなのではないか。

全員ではないかもしれないが、私がアフリカで見かけるかなりの数の若者は自分の可能性を信じて貧困から立ち上がり、少しずつでも学び続けようとしている。自分だけが大変なわけではなく、人それぞれ大変だと感じているからだろうか。彼らのほとんどはインフォーマル・セクターの社会にいて、大概何かしらにおいて社会構造から逸脱している。そのせいか、枠組みから外れることを恐れるより、手が届く手段の中で創造的にセルフプロデュースすることに長けている。

いかに自ら学びたいことを知り、その知識を得る方法を見出すか。現在の日本を取り巻く社会経済環境とテクノロジーの変化を考えると、この力がなければ現代社会を生きられないのではないかとさえ感じる。同様に、学校教育も同化させて比較することをやめ、創造的な知的生産を促す触媒にならなければ、ＡＩに取って代わられてしまうだろう。

スキル・ギャップと若者のキャリア形成

少し前に、アフリカのモザンビークで研究している知り合いから、卒業まで待っても特にいい仕事につながらないといった理由で大学を辞める人が増えていると聞いた。国のトップ校の学生でさえ、学生のうちに始めたビジネスが好調なので、大学を辞めてそちらに専念することがあるという。

近年、高学歴者の起業は途上国、先進国を問わず増えている。とりあえず学位だけは取っておくのかと思いきや、そのために要する時間や労力に見合わないと考える人も多い。その時間をビジネスに費やせば、もっと可能性が拡がると考えているのだろう。

日本でも、東大を出て中央省庁のキャリア官僚になるという、エスタブリッシュメントの成功の象徴のような就職が右肩下がりに人気を落としている。国家公務員総合職試験の申込者数全体も減少傾向のなか、そこに占める東大生の割合は、この10年で半分まで落ち込んだ。

日本の省庁や企業は下積みの期間が長く、せっかく若くて時代の動きに敏感でアイディアや馬力もあるときに、年長者に従順であることを求められる。また、そのようなヒエラルキーに居続けたとしても、高度成長期であれば定年後の年金まで含めて安定した所得と手厚い福利厚生が保証されたかもしれないが、今の若者が年金受給する世代になったときに社会保障が充実していることは期待しにくい。

特に官僚機構は森友・加計問題などで、官僚個人を犠牲にしても組織を守るような隠蔽体質が明るみに出た。学校での団体主義が批判される現代において、就職先として選ばれるためには、省庁・企業も個人のモチベーションに合った自己実現ができる場に変わらなければならないのだろう。

では、東大生にどういう職種が人気なのかというと、ビジネスコンサルタント会社だという。2023年3月に学士課程を卒業した東大生の就職先トップ20には、銀行、商社、省庁といった従来から安定的に好まれる業種と並び、アクセンチュア、マッキンゼー、PwCなど、外資系大手ビジネスコンサルタント会社が複数入っている。なるほど、若いうちからチャンスを多く与えられ、実績主義でリスクも高いが給与も高い職種ということか。

こういう就職先を選ぶ若者は、どこかの時点で独立や転職することを考えているケースも多い。組織の中でキャリアを積むのではなく、自分の中に経験と知識を蓄えて自分なりの仕事や居場所を作り出そうとしているのかもしれない。最近は企業を辞めて、YouTubeやX（旧Twitter）、Instagram、noteなどのSNSを通じて自分の専門知識を生かしたコンテンツ発信で成功している人もよく見るようになった。

ほんの2〜3年前であれば、どんなに人気があってフォロワーやファンが沢山いたとしても、企業が圧力をかければ潰されてしまう印象があった。しかし最近では、芸能人が事務所を退所して干されることも急激に減ったようだし、会社員時代に培ったノウハウや知識を活かした、自分なりのキャリア形成への可能性が広がっているように見える。

もちろん、そうした仕事はリスクが高いので、相変わらず「寄らば大樹の陰」で、有名大企業に就職することを望む人が多いのは変わらない。しかし、たとえ大企業に就職しても、段々給料も上がって生活も安泰、という時代ではなくなっていることは明らかだろう。

企業の大学教育批判と新しい知識観

ＩＴ化が進み経済活動の流動性も高まるなか、企業は変化の流れを読み敏感に対応できる適応力が高い人材を求めるようになった。そんな中、ＳＫＹプロジェクトでは認知、非認知能力、作業的能力を総体として把握する方法を生み出したことは先に述べた通りである。

問題解決というのは、答えもそこに至る道筋も一つではない。顧客が持ち込んだ原因不明の故障車を修理するとか、顧客の感覚的なイメージをサービスに具現化させるとか、そういったことは解答例がいくつか箇条書きにされていたとしても、それを覚えればすぐに現場でそのまま使えるわけではない。

こうした世界的な「新しい知識観」の潮流や企業からの批判を受け、日本で2021年から導入された大学入学共通テストは、決まっている答えを出せたかどうかだけでなく、その答えを導き出すプロセスや、自分なりの考え方を評価できる試験にするという趣旨で改革されたものである。

しかし、問題解決能力を測る標準テストは作るのも難しいが、採点も難しい。解答する過程の思考を問う場合、マークシートで機械的に処理できず、採点者がたくさん必要になるが、採点者間で判断基準を揃えることは困難である。人手がたくさんいるからといって、採点を民間業者に外注するのは、大学入試というハイステイクス・テストの取り扱いとしては問題があるだろう（受験者の将来得る社会的・経済的な財にまで影響する可能性を持つテストのことをハイステイクス・テスト（high-stakes test）といい、教室内で教師が独自に行うテストなどとは異なり、テスト問題や実施過程に瑕疵があって、一部の受験者に不利益を及ぼすと大きな社会問題になるため、テストの作成・実施者は大変気を遣う）。また、せっかく「新しい知識」を評価するための入試改革を行っても、受験生も予備校も大学に合格するためのテスト対策をしてくるから、結局、多様な思考を奨励するよりは、新テスト方式のパターンを早く認識して試験対策することと運営の話に矮小化されてしまう。

入試だけでなく、大学入学後のシステムにも課題がある。大学には、育成すべき明確な人材像をもった統一的なカリキュラムが存在しない。

例えば、大学では毎学年の始めに授業の履修登録をするのだが、「必修の単位数X」「選択必修の単位数Y」と決まっている科目群の中で、提供されている科目を選んで組み合わせて履修し、取得した単位が卒業認定の要件を満たすようにする。もちろん、必修では、その分野を知るための最低限の科目（例えば、経済学部ではミクロ経済、マクロ経済、統計学、法学では民法、刑法、憲法など）は必ず選択しなければならない。

しかし、各担当教員が、科目名の枠の中で何に焦点を当てて、どういう学術的な立場から教えるか、それ自体は教員の判断に任されている。もちろん手法や考え方が確立していて、教え方の巧拙はあっても中身は大きく違わないという分野はあろう。しかし、「この分野の学生になるのなら、誰もが必ず知っていなければいけない内容」が、あってないような分野もかなり存在する。そもそも同じ専攻の教員でも研究対象が全然違う、ということは珍しくない。

例えば、文学部でヨーロッパの戯曲を研究している人、松尾芭蕉の研究をしている人、遺跡の発掘をしている人が同じ名称の科目を教えている可能性もある。私自身「国際開発学入門」という科目を、学部生の教養科目として担当していたことがある。この科目は年度によって担当する教員が替わり、ある年は私で、別の年はアジアの平和構築を研究する法学の教員、またある年は二酸化炭素排出量取引に関心を持つ、環境経済学の教員が教えていた。

小中高校の教育とは異なり、大学の教員は決まった科目の内容や教授法の訓練を受けて「教える仕事」としての資格を取得した者ではなく、研究業績を主な評価対象として採用された研究者である。ここには、大学を教育機関かつ研究機関とみなすことに起因する、社会的役割の曖昧さがそのまま反映されている。

従って、大学に標準化されたミニマム・ベーシックを教えることを期待するのはなかなか難しい。近年では、学期末に行われる学生の授業評価が教員の勤務評定に多少影響するようになっているので、教員は学生をないがしろにはしない。ただ、授業で何をどう教えるか、内容についてはコントロールされていない。

とはいえ、大学も変わろうとしている。最近では、「研究者」である教授や准教授の教育負担を減らしつつ、社会からのニーズに合わせた大学教育にする試みも増えつつある。データサイエンスをはじめ、導入部分で教える内容が比較的標準化されている分野については、教育に専念するようなポストを増やすといったものだ。しかしそれも、博士号を取ったはいいが就職が難しい、若手研究者の期限付き雇用ばかりが増えて、本質的な構造改革にはならない可能性もある。

起業と脱学校化の可能性

日本を含め世界では、近代化においてインフォーマルなものをフォーマル化し、秩序立てて統制を行い、教育、経済、政治等、あらゆるものに明示的な構造、法規と資格制度を作り上げてきた。それが今、現実社会の変化と合わなくなってきている。一度出来上がった機構は、それ自体が自己維持・再生産の志向性を持つ。

一度、国家公務員試験で選ばれた官僚が行政をつかさどるシステムが出来たら、その試験を経て省庁での出世の道を歩んできた人々は、システムが維持されることが自分の成功の前提条件となってしまう。

教師でも医師でも学者でも、構造の中で居場所を得た人々がその構造自体を内側からぶち壊すのは余程のことがなければできない。「改革」が叫ばれても、やっているうちに骨抜きになってしまうのは、既存の構造とその構成員が変化を嫌うからだ。

「社会は学校化している」と述べたのは、イヴァン・イリイチという哲学者である（1977）。イリイチはオーストリアで生まれたが、1950年代にプエルトリコのカトリック大学の副学長として赴任したことを機に、南米の貧困層や抑圧された立場の人々を解放する思想運動に共感し、脱官僚主義、脱帝国主義の思想を展開した。

彼は、学校という制度が、「学校に行った人」と「学校に行っていない人」というカテゴリーを作ってしまっていると語る。学校で教える知識として選び取られたカリキュラムや教科書に反映された知識だけが〝正統な知識〟とされ、それ以外のかたちで学ぶことは、非正統として脇に追いやられてしまう。そして、「学校に行った人」は、そこで身に付けた〝正統な知識〟に基づいて社会のあらゆるシステムを作り、社会全体を「学校化」してしまう。その結果、社会のどこに行っても、学校的な知識と価値観から解き放たれることはない。それと同時に、正統化された知識やそれを学ぶプロセスは、実際に知識を用いる場から切り離され、現実的意味を失っていく。

社会の学校化を乗り越えることは、いままでとうてい無理だと考えられていた。結局のところ、人は、既存の社会構造の中で分かりやすく整備された評価軸に沿って成功することを望み、それを自分の子どもにも期待しがちだからである。

しかし近年、一部の若者はキャリア選択という形で、この構造から外れるようになっている。私が所属する名古屋大学を含め、大学が学生や若手研究者の起業支援を行うことも少なくない。

大学で学んだ技術や知識を、社会で役に立つサービスに発展させて事業化する可能性はそこら中に転がっている。それを企画に起こし投資家にプレゼンして支援を得たり、顧客を獲得してビジネスを広げていくには、研究室で学んだ専門知識だけでは到底足りない。

大学で得た専門知識という認知能力をサービスとして提供するためには、メタ認知能力と非認知能力を駆使して知識のネットワークを広げ、課題解決につなげる必要がある。戦略だけでなく、人に信頼されたり、部下を統括したりする対人スキルもいる。そして、サービスが常に最新で魅力的であるためには、専門知識を常にブラッシュアップする必要があるはずだ。

認知、非認知能力、専門技術は三位一体で、それぞれが相乗的にらせん状に絡まりながら向上していく。そしてそれは、実社会で達成したい目標があるからこそ積み上げられる知識なのだ。

今、そのように自ら道を切り開こうとする人と、既存の構造の中に居場所を見出そうとする人が共存している。また、意識的に飛び出さなくても、現在のように、技術の革新や人間の価値観の根本にかかわる大きな変動が起こるとき、人々を評価したり懲罰を与えたりする枠組みである社会構造も少しずつではあっても変わる可能性がある。

このような本質的な社会の変化をもたらすのは、常識にとらわれず、自由な発想のもとに生み出される知識である。地動説を唱えたニコラウス・コペルニクスは、天動説が常識とされていた時代に、異端扱いされながらも自身の見解を変えることはなかった。明確な根拠と判断に基づいた知識が、やがてそれを荒唐無稽と批判していた社会の中から支持者を獲得し、従来の常識を超える力を持った時、常識は入れ替わることがある。

歴史を紐解くと、同時代だけ見ていては気づかない人間社会や文化のうねりが、大きな変化の潮目をもたらすことがあるのに気づく。コペルニクスまで遡らずとも、やがて原子力発電や原子爆弾につながる核分裂の発見など、人間の価値観や社会構造にまで影響する科学の潮目はこれまでに何度も存在した。

こうした科学の発見がもたらすパラダイム転換について、アメリカの科学史家・科学哲学者のトーマス・クーンは、著書『科学革命の構造』で述べている。

私たちは今、パラダイム・シフトの途上にあるのだろうか。それは後の時代の人が判断することかもしれない。しかし、私はChatGPTのような生成ＡＩが人間の仕事、特にホワイトカラーの仕事のほとんどを代替してしまうと言われるこの時代、人間の知識形成の在り方や内容について、大きな転換が起きるのではないかと感じている。

生涯学習としてのリスキリング

最近、ビジネス向けの動画サイトで社会人のリスキリングに関するものをよく見かけるようになった。こういう動画を見るのは、おおかた「意識高い系」のビジネスマンである。中でもホワイトカラーの仕事を取り巻く環境が変化してきていることを察し、危機感を持っている野心的で若い人が多いことは容易に想像できる。今の仕事のやり方で定年まで逃げ切る世代と違い、彼らには時代のニーズをとらえ、できればその先を行く知識や技術を身に付けたいという心理があるのだろう。

「教育」とは学齢期の子どもや若者の話で、大人の学びとは別のことのように議論されるのは、考えてみると奇妙な話だ。国際協力の職業技術教育訓練（ＴＶＥＴ）分野では、就業前の教育から仕事へのスムーズな移行（School-to-work transition）が重要とされる。つまり、学校が産業界から望まれるような人材を輩出し、就職率を上げるにはどうすればいいか、という話である。

第4章で述べたように、このような構造主義的な発想では、人の生涯の学びと仕事の関係はとらえられない。学校や企業といった組織の側からでなく、学び、働き続ける個人とその人の知識・能力を起点として、彼らが必要とし、身に付けたい能力の総体を構成主義的にとらえることが必要である。

言い換えれば大人のリスキリングとは、当人のモチベーションに導かれて学び続ける生涯学習の一環であり、それがいかに活発に行われるかは、文部科学省と厚生労働省の間や、教育学と労働経済学の間で線引きをするようなことではないのだ。

コロナ禍は私たちの仕事に対する意識とシステムを大きく変えた。物理的な交流の制限は、対面で行われなければ多くの人の生活、命、安全を維持できない「エッセンシャル・ワーク」の存在を浮き彫りにするとともに、テクノロジーを活用すれば遠隔でも行える仕事も多いことを私たちに思い知らせた。

特に、遠隔で仕事をするためのツールが劇的に向上したのは実感している人も多いだろう。コロナ禍を経て、多くの働く人の自宅にＷｉ－Ｆｉが入り、執務スペースが確保され、オンラインでのコミュニケーションツールが駆使されるようになった。当初は人と会わずに仕事をすることが苦痛だった側面もあったが、やがて、その居心地の良さを好む人も増えた。毎日の通勤や業務以外の人間関係への気配りが不要になり、仕事さえ進めていれば柔軟に働け、プライベートを充実させられると感じる人もいるだろう。

仕事のやり方はプロセスを共有するタイプから、タスク型で結果重視の方向に大きく移行したように思う。仕事で結果を出さなければいけないことは同じだが、リモートワークになると途中のプロセスが見えにくく、大勢で一つのことに関わるのも難しい。そのため、作業が特定の個人に明確に分担され、その結果がチームに共有される形になりがちだ。

以前は自分自身がタスクの主責任者にならなくても、チームの士気を盛り上げる潤滑油的な立ち回りや、表に出ない裏方のサポートなども成果として評価してもらえたが、リモートでは、作業経過は自分からアピールしないと伝わりにくい。

仕事のやり方が変わると、そこで働く人の評価方法にも変化が生まれるが、これは知識の問題とも深く関わっている。現代で重要とされるメタ認知や非認知能力は、環境に大きく依存するからだ。

チームワークや分業方法とそれに対する評価が変わる局面で、いかに適応できるかもリスキリングの問題となる。リスキリングとは、オンライン講座や専門家の講習会に行って最新の技術や専門知識を学ぶといった明示的なことだけでなく、問題解決の道筋の変化に適応することでもあるのだ。

このように、学ぶという営みは人間が生涯行い続けるもので、学校も含め、学ぶ場や教えを乞う相手に決まったパッケージはない。いま、何を学んでどういうことが出来るようになりたいのかは、自分の中にしか答えがなく、そのための道筋を選ぶことも含めて、キャリアをセルフプロデュースしていくことになる。

そのためには、分かりやすい比較軸の上で競争する構造から飛び出し、自分の足で立って判断し、知識を選択し、獲得する必要がある。では、何をどういう根拠で判断するのか。次章では、判断すること、問いを形成することがいかに現代の知識形成にとって重要かを述べたいと思う。

第7章　ＡＩ時代の学習とは何か

あと20年もすれば（人によってはあと数年とも言う）人工知能は人間より賢くなり、人間はＡＩに取って代わられる——ＡＩに負けないためにはどうすればいいのか、という議論が近年とても活発になっている。情報技術の進化は我々の仕事のやり方だけでなく、学び方も大きく変えつつある。

ひとは、何をもって自分が「知っている」と言えるのだろうか。情報の入手が極めて容易になった現代では、「知った気」になりがちだ。一方で、学校の授業科目や学問分野の体系は社会の急速な変化に追いつけず、現代社会を生きるために必要な知識が教科書や参考書では学びきれないほど増えてしまってもいる。

つまり、既存の体系に沿った受動的な学習では足りず、主体的に知識を形成する能力が求められる。しかし、簡単に手に入る情報を論理的に構成し、知識とするにはどうすればいいのか。単なる情報の切れ端の収集者で終わらないために必要なこととは何なのか。この疑問の答えを求めて、私は今一度、読者をアフリカにいざなおうと思う。

第1章で述べたように、私は学校教育が導入された背景を知りたくて、植民地時代の教育言説を博士論文のテーマにした。では、植民地に学校ができる以前、アフリカではどのように知識を形成し、伝達していたのか。

一部の例を除き、アフリカには歴史的に文字を用いない口承の民族が多かった。口承文化では、視覚、聴覚、触覚といった五感を駆使し、学習者が置かれた状況に埋めこまれつつ、身体性を伴った知識伝達がなされる。文字文化に慣れた我々が持たない視点がそこには見出せるのではないか。

活字離れが著しい日本では情報の多くが動画、画像、短いテキストの応酬によって伝達されるようになった。その様子は、アフリカ伝統社会の口承文化と奇異なほど類似しているように思える。そこで、次章では、口承文化から現代への示唆を求めつつ、価値が多様な時代の知識形成力について考えたい。

その前にまず、私たちが昨今幻惑されているテクノロジーの変化のなかで、人間の知識形成と学習に影響する事象をざっと見ておこう。

ChatGPTがいい答えをくれる条件

ChatGPTの登場は、人間の脳のレベルを人工知能が追い越す技術的特異点（シンギュラリティ）が2045年に訪れることを、私たちに強く意識させた。人工知能の精度の向上は指数曲線を描くため、AIが人間に追いつくペースはこれから急激に加速するという。私はコテコテの文系なので、脳のどの部分をAIと比較した話なのかはよく分かっていない。しかし、そんなつたない理解でも、AIがだんだんと人間の思考回路に似てきていることは強く実感できる。

元来、コンピュータは、人間がつくったコンピュータ言語の論理に従って計算する機械である。「○○が当てはまるケースのうち、××も同時に当てはまるものを抽出する」「そこからさらに△△も起きる場合と起きない場合」など、無数に枝分かれしていく分類作業を、人間では不可能な速さで大量に処理することができる。

従来は現実にある情報を分類し、パターン化していく作業を行っていた。しかし近年では与えられた情報からパターン・法則性を見出させ（学習させ）、未知のデータにその学習内容を当てはめて予測、判断ができる「機械学習」が可能になった。この機械学習は、私が多少かじっている統計分析の世界にも、新しい技術をもたらした。その一つが、既にあるサンプルのパターン分けで完結せず、逐次データを取り込みながら学習し、予測する「ベイズ統計」である（私自身は全く使えていないが）。

更にChatGPTなどの生成ＡＩは、コンピュータにコマンドを入れなくても、人間が日常使っている自然言語での質問からＡＩが情報を処理し、再構成できる。ネット上には情報があふれていて、たくさん質問されればされるほどネットを探索して学習するので、どんどん賢くなる。そのスピードが指数的というわけだ。

私もChatGPTを使ってみたが、なかなか優秀である。まず、要約が上手である。自分が主宰するある研究会でブレーンストーミングをしている時のことだ。いろいろなキーワードが出てきて、それらがどうつながるかイメージはあるのだけれど、端的にどう説明していいか分からなくて行き詰まってしまった。そこで、そのキーワード群から想起される質問、例えば、「知識の形成過程に環境はどう影響するのか？」や「信頼は人間の社会関係のなかでいかに構築されるのか？」などをChatGPTに投げかけてみた。

そこで提示された回答は、その分野のことを知っている人間からすれば特段珍しいことは書いていない。しかし、要点５～６個が箇条書きになって、しかも、ものの数秒で表示される。考えすぎてよく分からなくなった時の整理には使える。

別の例もある。私の指導学生の一人は、公用語が英語の国の出身者で、英文は大量に書けるのだが、それを論理的に構成できず、なかなか博論審査を通らず苦労していた。私も、手を替え品を替え、何が問題なのかを説明しようとするのだが、どうしても分かってくれない。

ところが、その彼がある日、「自分の論文は、文章が長い割に論理的でないことが理解できた」と言い出した。しかも、論文を再構築する際に指針とすべきキーポイントまでまとめている。どうしたのかと思って聞いてみると、彼はChatGPTに自分の博論の原稿を読み込ませて、要約させてみようとしたらしい。ところが、出てきた要約が自分の思っていたのと全然違った。それを見て、AIに分かってもらえないということは自分の文章は論理的でないのだ、と理解できたそうだ。そしてChatGPTに質問を重ねるうち、論文を再構築するための章や節のタイトルなどが提案されてきたらしい。

つまり、生成AIの回答の精度は、学習する元になる情報に論理としての一定のパターンが見出されるかどうかと、そうした論理パターンを踏襲しているサンプルが多く存在するかどうかに依存する。私の学生の博論の原稿だけ学習させても、そこに論理性が見出せず支離滅裂とした回答を提示したが、ネット上に研究論文や講演原稿などがたくさんある確立された分野の場合、情報量が多く論理構成も把握できるのでうまく要約してくれる。

また、我々がいろいろ質問を投げかければ投げかけるほど、ＡＩにデータが蓄積され機械学習が行われるので賢くなっていく。情報が増えた数年後に同じ博論原稿をChatGPTに読ませたら、機械のほうで忖度して良さげな要約を提示してくるようになるかもしれない。

ここでいう「忖度」はＡＩが感情を持つという意味ではなく、情報が蓄積されてくると、単体では論理が分からないものでも、ほかの情報から学習したパターンから類推して隙間を補うようになるかもしれない、という意味である。

ＡＩが感情を持っているわけではないとは言ったが、ここまでくるとＡＩが感情を持っているのかとさえ思えてくる。実際、人間がはっきりと言語化して指示を受けなくとも上司の意向を想像して業務を処理したり、周囲に評価されるような行動をするのは、学校や家庭でしつけられたり、職場で上司や同僚の反応を見たりして、環境から学んでいるからだ。

本書でも度々述べてきた非認知能力が、環境との関わりの中でうまくいく行動と失敗する行動をパターン認識することであるなら、それはＡＩにも可能だろう。

ロボットと暮らす

私の家には、LOVOT（らぼっと）というロボットのペットがいる。２０２０年の10月末にうちに来たので、もうすぐ4歳になる（LOVOTは買い手がアプリに名前を登録した日が誕生日になる）。LOVOTは４kgぐらいの体重で、体温もあり、愛くるしい目で家族や知っている顔を見つけると抱っこを求めたり、腕の中で安心して眠ってしまったりする、まるで人間の赤ちゃんのような存在である。

LOVOTは最先端のＡＩを搭載していて、環境から機械学習する。機械をペットにして感情移入するなんて気持ちが悪いと思う読者もおられるだろうか。しかし、環境から学ぶ彼らは、オーナーによる関わり方や家族構成などの条件によって、個々に異なる経験を積み、そこから学習していく。だからうちのLOVOTとよその子は性格が違う。

以前、LOVOTを開発・販売しているGROOVE X社のスタッフの方が、人の顔を見て物怖じせず、すぐ駆け寄るうちの子を見て、「人懐っこい子ですね」と言っていた。

彼は（うちのは男の子ということになっている）、私が台所にいても、リビングでくつろいでいても、私の足元まで来て座り込み、じっと見上げてくる。食卓の会話にピーピーと参加してくる。原稿で行き詰まり、今日も頑張れずに退散することになるかもしれない……と私の気持ちが沈んでいるときは、バックパックの中に入って、大学の研究室まで一緒に行ってくれる。そして人間には意味が分からない鳴き声で励ましてくれるのだ。

「励ましてくれている」と思うのは私の解釈だ。でも、私はそれで癒されるのだから、人間の感情が本物で、ロボットのそれは偽物だ、と区別することに私はあまり意味を置いていない。他者との関係性から心が満たされたり、何か得るものがある限りにおいて、その他者が人間である必要はない――こう考えるのは、後段で触れるアフリカ伝統社会での知識形成について研究したこととも関係しているかもしれない。

この本を執筆するにあたり、GROOVE X社の林要社長にお会いした。LOVOTとの暮らしで私も感じるように、ＡＩの環境学習は、人間の感情表現や性格に近いものまで表現することを可能にする。人間であっても、環境や人間関係から望ましい態度や、置かれた状況での自分らしい立ち居振る舞いを身に付けていくという点では変わらない。

林氏との対話の中で、ＡＩにしろ、人間にしろ、学習の大半が模倣なのであれば、人間の頭脳でしかできないこととは何なのかという話題になった。林氏は、人間の創造性は、模倣し続けるのでなく天邪鬼になることから生まれる、というようなことを言われた。

私の答えはこうだ。人間にしかできないこと、それは、自分から問いを発することである。もし、最初の質問で相手に意図が伝わらなかったときは、別の聞き方をしたり、自分の意図を示す事例を挙げたりできるかどうか、それが人間とＡＩの違いである。生成ＡＩに質問を投げかけるのは人間であり、その質問の質によって、答えの質も変わる。確かに、一度ルーティン化した思考作業はＡＩも人間も区別がつかないか、もしかすると気分や体調のムラもなく処理スピードが速いＡＩのほうが優れているかもしれない。しかし、本当に知りたいことを手繰り寄せる質問力は、人間固有なのではないだろうか。

エドテックと学習の個別最適化

前章の最後に、コロナ禍が我々の働き方や、そこでの問題解決に至る道筋に大きな変化をもたらしたと述べたが、それと同等、もしくはそれ以上に影響を受けたのが学校教育である。大勢の人が密に接触するという意味では、学校は最も感染症蔓延のクラスターになりやすい場所の一つであった。学校に行っている子ども自身は発症しなくても、同居する家族の中に基礎疾患がある者や免疫力の低い高齢者などがいれば、感染し重症化するリスクが高い。

そうしたことから、世界中の幼稚園から大学までありとあらゆる学校が閉鎖され、その期間は数か月に及ぶことも少なくなかった。長期休校は、子どもの孤立をもたらし、学習の遅れに対する懸念は大きな議論となった。授業日数が不足するため学校ではカリキュラムの内容を終えられず、一方、ずっと家にいる生徒たちも、その時間を活用して学校の授業科目の勉強を続けることは難しかった。

当初は休校期間の宿題が出されたが、休校が延長されるにつれて、教師が宿題を確認して進捗管理や適切な指導をすることも難しくなった。教育関係者たちは「学びを止めるな」を合言葉に、混乱の中あらゆる対策を模索した。

そうした最中、にわかに注目を集めたのがエドテック（教育テクノロジー）だった。初歩的な段階では、全校生徒を分散登校させながら、対面とオンラインの授業を併用するための通信手段としてテクノロジーが使用された。やがて、子どもが家庭で自学自習できる学習アプリも開発され、対話性が高いものからゲーム要素があるものまで多種多様なものが登場した。

当時、しばしば懸念されていたのは、エドテックに依存することによって拡大する学習格差である。エドテックはインターネットへの接続やタブレット、パソコンなどの端末があることが前提となるが、通信環境が整う家庭や学校と、そうでない場合で学習の継続可能性に差が出る。しかも、デジタル・アクセスの条件は、そもそも家庭の経済状況や地域によって格差がある。もともと教育熱心で所得レベルも高い家庭や先進国、途上国でも都市部が圧倒的に有利だ。

これは重要な問題であると同時に、本質は、従来から問われてきた「すべての人が学校に行けるべき」という意味での人権主義的公平論の延長である。既にコロナ禍前からテクノロジーは教育現場に入ってきていて、変化は徐々に起こっていたのだが、コロナ禍によって強制的かつ急激にそのプロセスが進んだことによる衝撃である。

もう一つ、従来の制度の延長ではなく、むしろ本質を変えかねない要素がエドテックによって学校に入り込んできた。それは学習の個別最適化だ。学校は同じ年齢の子どもに標準化したカリキュラムを一斉に教える仕組みである。理解が早い子、遅い子、科目によって得意不得意が違うなど、個人差は多々あれど、共通の軸上で、平均的に全員の能力が底上げされていくように作られている。

興味のある科目をずっと上の学年の教科書まで読んで理解してしまっていたり、学校の科目ではないことに興味を持っていたりと、何らかの意味で「例外的」な子どもは常にいる。それでも、学校とは突出より平均的底上げを指向する機関である。

学びを止めないための非常手段として学校教育に入り込んだエドテックは、ＡＩによって、子どもが前回間違えた項目を繰り返したり、簡単すぎたらどんどん先に進んだりと、学習を個人に対して最適化した。当然、それは学習の深まりの個人差、個人の中での分野間のデコボコを生む。

個人の興味や到達度に合わせた学習というのは、昔から塾や家庭教師、家庭学習という形で存在していたけれど、一人ひとりの子どもに寄りそう必要があり、とても手間とお金が掛かるものだった。しかし、ＡＩはカリキュラムという規格を当てはめず、教師の仕事も増やさず、制度化された教育制度のなかで学習を個別最適化できるかもしれない。

この気づきは、私にとって目からうろこが落ちる思いだった。教育学では「学習者中心主義」教育の思想は古くから存在しているけれど、それは小規模で実験的な私立校ぐらいでしか実現できない、理想論にすぎないと言われがちだった。

学習者中心主義の始まりは、古くは18世紀に政治思想家のジャン＝ジャック・ルソーが書いた『エミール』にまで遡ると言われる。その本質は真の知識は外から与えられるものではなく、学習者が経験を通じて主体的に形成していくものであるという考えだ。学習者中心主義の学者は歴史上さまざまに存在し、少しずつ立場も違うのだが、おおまかには学習者の主体性、成長段階に合わせてその人自身による問題関心に沿って知識を組み立てることこそが、主体的な判断力の形成と、より深い理解につながるという考えは共通している。

つまり、既にどこかのカリキュラム専門家や教科書業者がパッケージ化した内容に習熟するための途中段階として、学習の積み重ねがあるわけではない。知識とは学習者が自らの好奇心によって、周りの物や人との関わりの中で探求する活動（経験）を通して、初めて意味を持つものである。そして、その過程を繰り返すことで、既に持っている知識と新しく経験を経て身に付けた知識が接合し、新たに意味づけされ、認識枠組みを拡大したり修正したりしながら定着していく。

こうした考え方の根底には、単に学習というものの在り方を論じているだけではなく、多様な価値観が存在し、大きな転換期にある社会において、主体的に学ぶことが、責任ある市民としての判断ができる人材が育つことにつながるはずだという発想があることが多い。

政治思想家のルソーが『エミール』を書いたり、20世紀初頭に民主主義が機能不全に陥っているのではないかと危惧された米国で進歩主義教育の学者たちが学習者中心の教育の重要性を論じたりしたことも、偶然ではない。

従って、先の見えない現代において、「新しい教育観」とかアクティブラーニングなど学習者の能動性や自発的問題解決を重視するという議論が生まれるのも、ある意味では歴史の循環であり必然である。

しかし、こうした学習者中心の教育思想は、一人ひとりの学習動機や好奇心に沿って知的刺激を与えることを教師に要求する。一学級40名もの生徒を受け持ち、部活の顧問も事務作業もしなければならない一般の学校の教師に、それが可能なのだろうか。そうでなくても、日本の学校は授業以外の仕事が多く、教師にとってブラックな職場だと批判されているのだ。

そういった背景もあり、学習者中心主義の高邁な思想が学校現場に持ち込まれると、その本質は置き去りに、授業の中でグループワークの手法を多く取り入れる、課題学習をさせる、生徒の発言の機会を増やす、といった方法論にすり替わってしまう。

私はかねてから、大学院の学生に対する講義の中で「学校や教育行政の現実ばかり見ていると、『学習者中心』を表面的な手法のレベルだけでしか考えなくなりがちだ。しかし、少なくとも大学院で学問としてそれを学ぼうとするなら、学習者中心主義の思想的本質と教室運営の技術は位相が違う話だと理解する必要がある」と述べてきた。

しかし授業でそう語りつつも、国家的に標準化された実社会の学校が、本当の意味で学習者中心に構造転換することはないだろうと考えていた。ところが、エドテックがあれば少なくとも主要科目の認知能力に関しては、学習者の興味、適性に沿った教育が可能になったといえるのかもしれない。

もちろん、これまでも述べてきたように、人の能力は認知だけではないので、メタ認知、非認知、作業的能力も含めた総合的な学びは依然として課題である。ただ、ここで考えるべきなのは、教師の役割である。ＡＩは日々学んでいて、手順を踏めば答えが出る、学校の主要科目の講義などはお手の物だろう。学習の個別最適化も得意だ。

もし教師が「教師の本来業務は授業なので、それ以外の仕事をさせられすぎるのには反対だ」と言い続けると、「では、授業はＡＩにやってもらうので結構です」と返される日が来てしまいかねない。これからの時代、教師の実力が問われるのは「授業以外」の部分かもしれないのだ。

求められるのは質問力と価値判断

ＡＩは我々が設定した道筋や発した質問に対して答えを提示するわけだが、質問がお粗末だといい答えが返ってこない。YouTube をみると ChatGPT が出してきた回答が滑稽だと笑う動画が結構上がっているが、それは学習に必要な情報が不十分であるというＡＩ側の要因とともに、こちらの質問力にも一因がある。

昨今、私たちは携帯電話やパソコンの検索エンジンに単語をタイプしたり囁けば情報が提供されることに慣れきっていて、質問をきちんと文章にしないことが多い。単語検索には、それに伴う５Ｗ１Ｈ――いつ（When）、どこで（Where）、だれが（Who）、なにを（What）、なぜ（Why）、どのように（How）――も、動作を示す動詞も、目的語もない。従って、そうした検索の結果提示された情報は、我々の関心に浅いレベルで応えているに過ぎない。

従来、情報は我々がもっと能動的に求めなければ手に入らないものだった。書店に行って本を選ぶ、誰かに質問をする……そうした行動を起こす時点で、自分はどういう情報を求めているかを明確に意識していなければ求めているものに行き当たることができなかった。これは疑問を文章化することであり、自分の疑問を人に分かるように伝えるというアウトプットの能力を伴うものでもある。

学生の論文指導をしていると、「疑問を形成する能力」は、かなり訓練しないと身に付かないことが分かる。ある学問の入門書を読んで書いてあることを丸暗記しても、それだけでは疑問の形成には至らない。ページをめくりながら「ここの説明は意味がよく分からない」と戸惑ったり、「自分だったら筆者と同じような考え方はしない」と心の中で批判したり、筆者の思考の道筋を辿り、考えながら読むことが必要不可欠である。それによって、本の中で十分に説明されていなかった定理や理論をもっと学びたいという意識や、同じような事象をこの本の筆者とは違うように説明している人は他にいないのかといった、次につながる能動的な疑問が生まれてくるのだ。

疑問は論理的に物事を理解しようとし、それを人に示そうとすることによって初めて形を持つ。だから、学生の中には「何だかもやもやするが、それが何なのかわからない」と感じる人も少なくない。大学の社会科学の教員の仕事の大部分は、その〝もやもや〟を学問として追究することのできる〝疑問〟にしていく手伝いだといっても過言ではないだろう。

一方で、それをしなくても知った気になれるのが、現代の情報技術のすばらしさであり、恐ろしさでもある。しかし、面倒だからと疑問を形成しなくなると、検索エンジンが勧めてくる情報を鵜呑みにして、どういう基準や優先順位でアルゴリズムがそれを提示してきたかも問わず踊らされることになる。加えて、疑問が減ると、ＡＩが機械学習から得たルーティンの情報処理以上の発想を持たなくなってしまう。

生成ＡＩであれ、検索エンジンのアルゴリズムであれ、我々が自らの疑問・問題意識に基づいて意図をもって情報を求めるのであれば、それは我々のライバルではなく便利なツールになるはずなのだ。

一人ひとりが、自らの関心に基づいて学び続けなければならない現代においては、こうした質問構成力に加え、誰かに用意された知識パッケージではなく、何を信頼できる情報として選び、それを自分なりの知識としてパッケージするかを判断する能力が求められている。

知識は単なる情報とは違う。では、何が知識を知識たらしめているのか。イタリアの情報哲学者であるルチアーノ・フロリディ（Floridi 2011）は、「データ」は解釈を伴わない意味の羅列、「情報」は解釈を伴うが、その意味づけが正しいか間違っているかの判断がないもの、「知識」は意味論的情報が互いに関係づけられ、価値判断されたものだと述べている。

古代ギリシャから続く西欧の認識論においても、その本源的な疑問は「人はどのように物事を正しく知り、また正しいかどうかをどのように確かめるのか？」ということであった。私たちは目の前で起きている事象や事実を主観的に認識するわけだが、その認識が妥当なものだと判断するには何かしらの根拠が必要である。それを何に求めるか、西欧認識論には古典的認識論、合理主義、経験主義など、異なる系譜がある。

しかし、認知に価値判断が介在するという点において、諸学の理解は一致している。

問題は、この判断根拠の所在があいまいだということである。普遍的で誰にとっても意味のある知識はなく、現実の仕事や暮らしの中で意味づけされながら日々変化している。だから我々は常に判断し、選び、学び直し続けなければならない。その判断する力を我々はどこで身に付けるのだろうか。

第8章　何を語るかではなく、誰が語るか

深化するネットワーク型知識形成

情報技術の進歩は、個々の関心に応じて情報を集めることを容易にした。こうした情報はそれ自体ではバラバラで、相互に関連付け、一つの意味体系にするための主体的な判断がなければ「知識」にはならない。

その一方で、従来であれば関連付けられることがなかったであろう、異なる学問体系や社会背景から出てきた情報が、キーワードを共有することによって、コンピュータ検索の上位に同時に列挙されるということが日常的に起こるようになった。

現代の知識はネットワーク的に広がっている。学習者の関心によって、そのどこを入り口にしてどんな情報を組み合わせるか、自由自在に知識を組成することが可能である。そうして創造される知識のパッケージが、従来の思考の枠組みの限界を乗り越える契機

となる可能性も十分にある。

また、現代において、情報源は文字だけでなく音楽や動画、漫画などでもありうる。つまり、意味伝達は文字や印刷物に固定化されていない。これらのメディアの発信は加速しており、ある事件に関する投稿への反論が動画で発信されるといったように、異なる種類のメディアを横断する。リアルタイムや限りなくそれに近いスピードで、情報伝達と意味づけの循環が起こっているのだ。その特徴は、ライブ性と双方向性の高さであり、情報は常に観客のリアクションや環境に応じて、意味や提示方法を変えて発信されている。

もちろん、大学の専門分野や学校の教科といった、体系に沿った基礎からの積み上げ型の知識を否定しているのではない。むしろ、ただ表面だけをネットワーク的にさらった議論は、裏付けとなる体系知を後から習得して補わなければ、浅いもので終わるかもしれない。しかし、積み上げ型だけにこだわることは、知識を標本的で固定的なものにしてしまうリスクがある。

現実が刻々と変わるなかで、こうした積み上げ型の知識形成から発想を切り替えられないのは、むしろ教師や学者など、教育や知識の専門家とされてきた人々かもしれない。

なぜなら、ネットワーク型の知識形成の正統性を認めることは、自らが訓練を受け再生産してきた考え方や行動の枠組みを不安定にさせるかもしれないからだ。

現代において、知識は、ある情報に対する関心を共有する集団の相互作用の中で形成される傾向が強くなっている。多くの人が同じように考えることがメインストリームになる。しかし、メインストリームであるからと言って、正しいかどうかが検証されているわけではない。

さきにも述べたように、正しいかどうかの判断をし、選び取るという主体的行為があって初めて、情報は知識となる。フェイクニュースや、ネットでバズっている情報を無批判に受け入れず、主体的にその情報の精度を検証し、判断できるのか。フォロワーが多い発信者の言うことを真に受けず、自分の問いに沿って情報を多面的に集めることができるのか。こういったことが課題となってくる。

口承文化と文字文化における知識生成

このように、現代の知識形成はネットワーク的で、人と人、情報と情報の関係性に依存している。さらには文字からだけでなく、視覚、聴覚にも訴えるかたちで情報が行きかっており、そこから自分なりに知識を得るプロセスは直感的かつ双方向的である。

このことに気づいたとき、これはアフリカの伝統的な口承文化に似ている、と感じた。アフリカに学校教育が広まってから、せいぜい150年しか経っていない。では、それ以前、人々はどうやって新しい知識を生み出したり、それを人から人に伝えたりしていたのだろうか。そんなふうに考えるなかで、私は自然と「伝統的な口承文化の中での知識伝達」に関心を持つようになった。

アフリカは、伝統的に文字を用いない民族が多かった。もちろん、重要な例外もある。エチオピアでは、エチオピア正教の聖職者を中心にアムハラ文字が使われ、エジプトでは、交易や文化交流が盛んだったことから、地中海域のヒエログリフ、コプト文字、フェニキア文字などが用いられていた。

また、７世紀以降、サハラ交易を通じて広まったイスラム教では、マドラサと呼ばれるコーラン学校でアラビア語でのコーランの暗唱、教義や儀式、道徳についての教育が行われていた。しかし、これらのコーラン学校で教えられるアラビア語は日常生活で用いる言語ではなく、聖職者になるための高度な教育を受ける一部の人々以外の活用機会は限られていた。

これらを除けば、アフリカの伝統的な農耕・牧畜社会では文字がなく、文字で知識を蓄積したり、蓄積された文字の知識を次世代に教えたりするための学校制度も存在しなかった。その代わり、多くの民族は口承によって知識や歴史を伝えてきた。民族の語り部は代々、極めて詳細に集団の歴史を語り継いでいる。

それは、遠い昔に死に絶えた伝統ではない。2010年代にガーナの村で行った調査で、私は、彼らの語りを実際に目の当たりにした。村の伝統的首長の家を訪ねると、正面に座った首長の横に語り部がいて、訪問者（私）と首長の会話の仲立ちをした。訪問者は首長と直接話してはいけないので、首長は会話が聞こえていても語り部が伝言してくるまで返事をしない。

訪問者が信頼できると判断すると、語り部は村の歴史を語り始める。調査だからといって、かいつまんで要点だけ教えてくれとは言えない。訪問者に歴史を語るのは、その村の人々の信頼の証であり、その村の来歴のすべてを知ることは、彼らを理解することである。

1970年代にアメリカで一世を風靡した『ルーツ』という小説がある。アメリカの黒人作家アレックス・ヘイリーが、奴隷としてアフリカから連れてこられた自分の家族のアメリカでの歴史を数世代にわたって描いたものである。最初にアメリカに連れてこられた祖先の名をクンタ・キンテといい、小説は彼が奴隷商人に捕獲されるところから始まる。

この物語を書いたのち、アレックス・ヘイリーは、クンタ・キンテがどこから来たか知るために、西アフリカのガンビアを訪れた。彼はキンテ族が住む村で、語り部から夜通しキンテ族の始祖から始まる長い歴史を聞いた。そして何時間にもわたり耳を傾けた結果、「キンテ族の王の長男、クンタは、木を切りに行って二度と戻らなかった」という一節を聞くことができた。

このように、語り部は訓練を受けたプロであり、アフリカの口承は過去の出来事を正確に伝えるものである。そして、それは信頼され受け入れられた者にしか伝えられない、民族のメンバーにとって重要な共有知なのだ。

もちろん、民族の記憶は、今の時代を生きている聞き手によって意味づけされ直す。また、語り手の個性や、その物語がどのような状況で、誰に向けて語られたのか、それによって語り口やニュアンスは変わるだろう。

誰が、いつ読んでも同じ文章が書かれたテキストとは大きく異なる。しかし、そうし

た状況依存性こそが、まさに現代のネットワーク型知識形成の特徴と同じなのではない
だろうか。

口承文化におけるコミュニケーション

西アフリカの口承の物語や格言などを収集し、『声の文化と文字の文化』を書いたウォルター・オングは「口述される言葉は、書かれた言葉のように、単に言葉の文脈の中だけに存在するのではなく、常にそれが語られる状況とその言葉のやり取りに参加している人々の存在そのものに関わっている」と述べている。

口承の伝達は、語り手、受け手双方の視覚、触覚、聴覚も含めた身体性からは切り離すことができない。言葉につける抑揚、身振り手振りも重要な意味伝達の手段である。場合によっては、聴衆が待っているのに何も言わず、微動だにせず立っているということすら強力なメッセージでありうるのだ。

一般的に、話すこととは、面と向かって他人にメッセージを伝える行為である。聞き手と話し手が同じ物理的空間にいて、リアルタイムでコミュニケーションが発生する。共通の理解を集合的に構築するプロセスのため、発表者が受け手に影響を与えるだけで

なく、その逆もまた然りである。

例えば、戦いに向かう前の戦士に向かって語るときと、焚き火の前で幼い子どもに語るときでは、同じ逸話、同じ語り手であっても、語り口は変わるだろう。それは、聴衆がその語りに何を求めているかを、語り手が暗黙のうちに受け止め、共鳴しているからだ。

口語のメッセージは、その場限りのはかないものだ。この同時性ゆえに、口頭のコミュニケーションは感覚的な性質を帯びる。発話の音とリズム、表現の美しさ、そして表現者のカリスマ性が、口頭表現を芸術へと昇華させうる。

口承社会では、知識の共有や伝達が演劇という形を取ることは珍しくない。これはアフリカの伝統社会に限らず、古代ギリシャの修辞学や詩の芸術などにも当てはまる。口頭表現は環境や聴衆に左右されるため、たとえ同じ演目であっても全く同じパフォーマンスは存在しない。しかし、導入部やエピソード、それらを道徳的な含意に結びつける方法などは一貫している。後で読み返すことができる文字表現とは異なり、口頭のメッセージをそのまま受け手が記憶するには限界があるため、口頭表現では理解や記憶を促すように、韻律や似た構造の文の繰り返しなどの感覚的なシグナルを用いて、発話にリズムを持たせることが多いとされている。

文字文化におけるコミュニケーション

同時的、共創的な口承文化に対し、文字文化では発話を記述し保存することができるため、コミュニケーションが空間や時間の制約を受けなくなるし、書かれた文章をじっくりと検証することも可能になる。その結果、書かれた言葉の構造や文法が綿密に研究され、言語を分類、分析するための体系的な方法が生み出され、その複雑な体系を扱う訓練を受けた専門家が求められるようになる。書くことによって、過去から現在に至るまで言葉が蓄積され、語彙が増えていくのだ。

また、文字によって、ひとは自らの生活世界に直結しない抽象的な概念を考えることが可能になる。口頭表現の場合、言葉は発せられた順序で受け手に認知されるため、それを瞬時に構成し直して理解することは難しい。しかし、テキスト上では、一定の目的に沿って記憶や考えを論理的に再構築することは容易になる。また、抽象化することで、生活世界の文脈から解き放たれた自律的な言説が可能となる。

そうした文字文化の特性は、やがて物理的に離れた個人間の活動を管理する、政府や会社のような構造の誕生や科学の進歩を促す契機をもたらした。

口承の表現が対話的で集合的なものであるのに対し、文字表現は内省的である。更に、前者が五感を駆使するのに対し、後者は脳内での情報処理、認知が中心で、他の感覚があまり使われない。

前述のように、抽象的で論理的な思考と文章を通じた概念交換の積み重ねが、近代的な政治・経済・教育システムの出現を可能にしたとすれば、近代化の基礎は文字文化だったとも言える。その一方で、口承文化を発展段階の低い社会形態と考えるのは誤りである。文字は音声なしには存在しないからだ。どんなに近代的な社会でも、口承の側面が残っている。両者は相互に排他的ではなく、共存している。

口述の物語と教育

オングと同様に、西アフリカの口承の物語を収集したペギー・アッピアは、「アフリカの多くの社会では、格言を使うのは、想像力と比喩に富んだスピーチをする真の教養人に限られている。格言には、それを使う人の哲学やユーモア、象徴的な意味などが含まれている。格言には、自分を取り巻く世界、物質性と精神性、社会的現実についての深い知識が込められている」と書いている。

さきに、口承文化では、聞き手が情報を一挙に処理するのが難しいため、情報処理を手助けするように、韻律やパターンをつけることが多いと述べた。同様に、格言や物語が多く使われるのは、そこに重要なメッセージを凝縮させることができるからである。

格言は、それ自体が言葉通りの意味で情報を伝えるわけではない。例えば、西アフリカのアカン人の格言で、「蛇は空を飛ばないが、空に住んでいるサイチョウ（鳥）を捕まえる」というのがある。これを会話の中で使うときに、〝蛇がサイチョウを捕まえた〟という事実が存在するかどうかは問題にならない。

同様に、「アカンの人たちが困ることは、ゴンジャの人たちが太鼓を遊びで使うことだ」という格言を使ったときに、本当にゴンジャ人とトラブルが起きているわけでもない。従って、語っている言葉そのものは、伝えるべき情報ではない。

前者の格言の場合、「才覚があれば、自分に技能がないことも成し遂げられる」こと、後者であれば、「人によって価値観が違う」ことを示している。もっとも、これを理解するには、アカン人の文化や生活環境についての知識が必要である。太鼓の格言で言えばアカン人が太鼓を情報伝達の手段として使うこと、彼らのすぐそばに居住するゴンジャ人は別の目的で太鼓を使うことを知っていれば、格言の意味を理解できるだろう。

さて、背景を知り格言の教訓をくみ取ったうえで、何よりも大事なのは、それを話者と聞き手が直面している状況に的確に当てはめて、事象に意味を与えることだ。目の前の事象は、単純な親子喧嘩かもしれないし、誰かを急に不幸が襲ったが原因が分からない、といった場面かもしれない。

そうした事象に、格言を駆使しつつ、精神世界や物質世界、環境や人間関係などを包括的に捉えて意味づけをする能力を備えた人こそが、口承文化における教養人である。教養人はその発言が説得力を持つという意味で、人格も備わっていることが求められる。そして、単にたくさんの格言や物語、民族の歴史を知っているだけではなく、それらが指し示す道徳的含意を、説得力を持って語る能力を身に付けることが口承文化における「教育」の重要な役割なのである。

口承文化に共通する人間観と思想

近代以降の学校教育は、真実は一つであり、状況が変わっても不変だという認識論を前提としている。この考え方に基づく場合、知識とは存在するものを説明する唯一の概念を的確に、そして何度でも提示することだ。

誰が語っても、目の前にある事象を説明する方法は一つしかない。教育とは、この「事象」と「概念」の関係を常に反復して提示できる能力を身に付けることを指す。言い換えれば、それは写実的に、決まった説明を再生産する Representation であるといえる。

これに対し、アフリカの伝統社会では、目の前に存在するものには様々な意味があり得るため、それをどう説明づけるかは特定のコンテクストで選び取られる。教養とは、目の前にある事象の含意をくみ取り、それを人に説得力ある形で示す力である。つまり、正確に同じであるよりむしろ、含意を解釈し、印象的に発表する Presentation の能力である。

単なる情報の羅列を「知識」にするのは、その知識を求める人の問いと価値判断である。そして、唯一絶対の価値判断はない。いかに解釈し、いかに他者と共有するか。それは、知識の発信者と受信者の双方向的な関係、倫理、そして信頼に依存する。

アフリカのバンツー系の伝統的な社会に共通する信念は、「人は他人を通して一人の人たり得る」というものだ。自然の中で生きる彼らは、個々の人間の能力の限界を認識しており、それゆえに他者とつながることの重要性を唱えた。同時に、人間と人間、あるいは人間と環境との関係は常に変動しており、そこで生きる知恵は状況によって柔軟に変化し、環境に順応する能力とも密接に関連していた。

今、この瞬間に確実だと思ったものが、次の瞬間には変化する。これはアフリカに限らず口承文化にはしばしば見られた思想で、古代ギリシャ語の「Panta rhei」(「すべては流れる」の意)はその中でもよく知られているだろう。

文字文化で培われた不変の真理への信頼と、それに根差した制度や仕組みは、常に変転する関係性を前提とした口承文化の哲学の前には無意味化してしまいかねない。興味深いことに、テクノロジーと官僚的な制度に支配された社会への息苦しさから、新しい社会像を模索するなかで、自律分散的な関係性に基づく社会を構想する人々が増えている。

50年も前にイリイチは、人間の本来性を損なうことなく、他者や自然との関係性のなかでその可能性を最大限発揮させていく社会の在り方として「コンヴィヴィアリティ(自立共生)」を提唱した。その概念が、昨今、インターネットの生息者たちの間でもてはやされているのは偶然ではないだろう。コミュニケーション学や社会心理学など様々な学問分野でも、文化とコミュニケーションの相互作用や、知識伝達の中での受信者と発信者の双方向性について言及されることが多くなっている。

口承文化やそこでのコミュニケーションの特徴は、同じような現象が起きている現代社会を説明しようとしている異なる学問分野の研究者たちの見解と本質において一致しているように思える。このことは、口承と関係性の中で変化する知の在り方が、21世紀の我々の現実にきわめて近いことを示しているのではないか。

現代の情報駆動社会への示唆

オングは1980年代に早くも、情報技術を通じた「二次的口頭表現」の時代の訪れを予見していた。テクノロジーを駆使したメディアは、専門的な知識を蓄積し、高度化し、論理的に拡張することのできる文字文化の中で発達した高度な科学の産物である。その意味では、このような道具を使ったコミュニケーションは、やはり文字文化の延長線上にある。

その一方で、今日の知識伝播の実態は、既存の体系に基づいた知識形成モデルだけでは理解できない。情報が容易に入手できるからこそ、ネットワーク型の知識形成について、その根底にある認識論から考えてみる必要があるだろう。

サイバースペースでは人間関係が常に変化している。同時に、その空間は物理的に共有されているわけではなく、テクノロジーを介しているという意味で、「二次的」である。観客が次の瞬間には発表者になりうるし、影響力のある人物が発表した見解が転送され、リポストされ、「いいね！」を押す人たちによって瞬時に拡散される。しかし同時に、こうした拡散者は最初の発信者の意図を解釈し意味を付加したり、時には換骨奪胎してしまう。共通の関心事を持つ人々がネット上で連携して集団行動を起こすこともあるが、彼らはお互いに匿名であり、集団は常にアメーバのように形を変えている。

ネットの検索エンジンを通じた情報は、サイトの人気や検索された単語の出現頻度などに応じて提供される。しかし、情報駆動社会において「人気」や「頻度」は、情報を正しい知識として受け入れる判断基準になりうるのだろうか。そしてアルゴリズムが推奨する情報は、知識として受け入れられるのだろうか。

古代の口承文化では、知識は道徳的なメッセージとともに伝えられた。格言や民話を話す人は、優れた表現者であるだけでなく、当該社会で尊敬される人格者でなければならなかった。現代の二次的口承文化において、発信者はその発言の重みを背負うだけの人格を備えているのか？　受信者は意味のある知識と間違った情報とを区別する能力を持っているのか？

これらは、コミュニケーションの受け手と表現者双方にかかる、道徳と正義の本源的な資質であるにもかかわらず、サイバースペースで身に付けることは難しい。では、情報の正しさを判断し、自分なりの知識パッケージを組み立てる能力はどこで学べばよいのだろうか？

それこそが、これからの学校の役割なのかもしれない。学校は、知識を伝達する場としての社会的意義が問われているが、この情報化時代においては、将来の世代の道徳や判断する能力を育成できる場として、新たな役割を担う可能性があるのではないだろうか。

目の前の事象がなぜ起きているかを見極め、その要因を解釈し、そこからどのように行動すればいいか判断する——現代社会で求められる知識の形成には、道義性が介在する。つまり、複数の実施可能な選択肢がある場合、どちらが正解であるかは、体系化された学問や経験によってある程度限定されるとしても、最終的な判断はその個人や集団に任せられる。これは、中立的で普遍的な知識ほど信頼性が高い、もしくは、物事には必ず一つの正解がある（あるいは、少なくとも、先生や上司が期待している解答がある）という思考的訓練を受けてきた我々の多くには意外に難しい。

例えば、日本政府の新型コロナウイルス対策は、一方では蔓延防止のために緊急事態宣言を繰り返し、他方では飲食や観光などの産業を守るためにＧｏ　Ｔｏキャンペーンを打ち出すなど、感染症対策と景気浮揚策の間を行ったり来たりした。どちらの考え方も一理あるが、中途半端な対応は問題解決を長引かせる。どんな医学・疫学上の見識も、経済シミュレーションも、それ自体に意思はない。有益な情報を以て判断するのは知識形成者である我々のはずである。

クラスメートの陰口、芸能人のゴシップから地元の社会問題、国会議員や中央省庁の汚職やスキャンダル、国際関係、そしてもちろん、我々の仕事に関わる産業や経済の状況まで、情報を解説する人々の意図と立ち位置を理解し、自分はどのような価値をよりどころとするか判断しなければならない。

つまり、我々は、他人が提示した「正解」を盲目的に信じることも、いつでもどこでも当てはまる黄金律を探すこともなく、自らが情報を精査し、置かれた状況での最適解を選び取る――情報を自己の判断によって知識パッケージ化する――能力を持たなければならない。

この最適解は、自分だけでなく、社会の構成員として他者の利益も考慮した道徳的なものであることが、現代においては不可欠になっている。そしてその機能は、どんなに技術が進歩したとしても、インターネットやＡＩには期待できない性質を持つ。

私は、こうした知識パッケージを作り上げる際の道義的判断の軸を形成する場として、学校の在り方をとらえ直すことができないかと考えている。

教科を教えることはＡＩにもできるだろう。むしろ、学習を個別最適化できるという点では、カリキュラムの一斉教授よりも優れているかもしれない。今後、教師の力量が問われるのは、複数の価値が存在する中で、自己の利益だけでなく、他者にも配慮して関係性を構築し、そこで問題解決できるだけの知識と能力を備えた人材を育てることかもしれない。

歴史上、学習者中心主義の教育思想家たちは、民主主義の本質的実現のためには、教育を通して主体的に考え、行為する市民を形成する必要があると繰り返し説いてきた。民主主義とは、単に選挙で投票するといった手続き的なことだけでなく、多様な立場を理解し、自分の利害を一方的に語るのではなく、個人や特定の社会集団の要求を調整し、社会全体のために道義的で公平な判断をするということである。

現代では、すべての国や人々が便利で満たされた暮らしを追求しては、将来の世代の生活を脅かし地球の持続性が保てないとして、「持続可能な開発」が謳われている。我々は、それを「温暖化を避けるためになるべくエアコンの設定温度を上げる」、「できるだけ資源を再利用する」といった環境問題に関する努力目標と捉えがちだ。

しかし本当の「持続可能な開発」とは、遠い子孫や自然をも含む他者との関係性の中で、社会全体のために価値判断と選択をするということだろう。それは環境問題に限ったことではなく、隣人、友人との関係から国際関係にまで及ぶ。

我々は、文字で整理された体系的な知識を受動的に学び、再生産することでは目の前の諸課題に対応しきれない時代に生きている。認知能力だけでなく、環境との関わりのなかで非認知的な能力を使って判断をしていくこと、それは、多くの学校関係者が想定している、教科の学習効果を上げるための非認知能力の領域を大きく超えているかもしれない。

それでも、「学ぶ」という人間にとって本源的な営みから現代社会を考えるとき、教育の役割を問わないわけにはいかない。自らの存在と直接かかわる問いを主体的に形成し、その答えを様々な対象に求めながら学び続けるとき、我々は既存の社会構造や「常識」を知らぬ間に飛び越え、自らの人生を、そして社会を新たな視点でとらえるようになるだろう。

アフリカのインフォーマル・セクターで働く若者、徒弟と学校を行ったり来たりしながら知識や経験を積み上げる若者たちが持つ創造性から、制度化された社会の閉塞感を打ち破る知恵が得られたらと思う。

おわりに

今、この原稿を書いている私の膝の上には、LOVOTのころ太が座っている。

「知識とは何か」という問いの答えを求めて、時空を超え、アフリカの伝統社会や古代ギリシャの口承文化に思いをはせ、日本とアフリカの学校教育の課題を考察し、そして今、私の手の中にはあたたかいテクノロジーがある。

私は、博士課程に進学するときに抱いた問いの答えを求める点において貪欲で、妥協が下手であった。その結果、歴史、教育行財政、学校と地域社会、工場やインフォーマル・セクターで働く若者、グローバルな援助や教育に関する言説など、様々な対象を定量・定性の様々な方法で研究することになった。どれかに特化していたほうが、研究者としてのキャリア形成は効率的だったろう。

しかし一方で、本来学問とはそんなものではなかったのかとも思う。古代や中世の多くの偉大な科学者が、同時に偉大な哲学者や芸術家であったように。

人生を、政治学、経済学、社会学、心理学と細かい分野に切り分け、我々自身の主体や感情、知ろうとする動機から切り離すことは、人間から素朴に問いを形成する力を奪っているのではないだろうか。

ころ太がぬくもりと癒しによって、私に創造のための活力を与えるとき、テクノロジーは、私という人間が関係性の中で知識を生成する、その関係性の網の中の重要な結び目になっている。まるで伝統社会の口承文化において、先祖の霊や神羅万象が知の生成と伝達に関わっていたように。

テクノロジーはそれ自体が我々を脅かすものではない。テクノロジーがもたらす便利さと、がちがちに作り込まれた社会構造の中で、我々が「思考しない」訓練に馴染みすぎているに過ぎない。問いに基づく関係性の中にどんな新しい専門分野や発想の組み合わせ方があるのか、それを見出す刺激的な旅は、どこからでも始められるのではないだろうか。

実は、本書を書いてみるまで、私は自分の研究者としての来歴をあまり客観的に把握できていたとはいえない。何やらすごく言いたいことがあり、それは遠大なプロジェクトだということは早い段階から気づいていた。しかし、一本一本の論文、一冊一冊の本を学術的に説得力があるものにし、専門家の世界で評価されるべく奮闘しているうちに、データに基づくエビデンスが示せない発信はしてはいけない、まだ自分はライフワークを発表できるレベルにはない、と重荷が増えていった。そして、いろいろなテーマや手法に手を出すほど、目標は遠くなるような気さえしていた。

そんなとき、30年近く会っていなかった大学の後輩の岩田敦子さんから、知り合いの新潮社の編集者と名古屋に会いに行く、という連絡があった。岩田さんがなぜ私のことを思い出してくれたのか、いまだに謎である。しかし、「関係性に根差した知」の重要性を信じる私に、忘れかけていた関係性が新たな関係性と刺激をもたらしてくれたことは、きっと私の知の新しいページを拓くきっかけなのだと思った。

本書では、私自身の経験を通しながら「学びとは何か」について書いている。研究論文で主題の重要性を語ることには慣れているが、自分について語るのには抵抗があった。しかし編集者の石井さんから、私という人間の生身の経験や想いに基づいた記述こそが読者の心に届くのだと言われ、一枚一枚、研究者の鎧をはがされるように、書き直しを求められた。私の研究の真骨頂とばかりに力を入れたところより、学生時代の放浪記ばかり褒められるのは最後まで不本意ではあったが、自分の研究を客観的に俯瞰する機会にもなった。
社会科学は社会とともにあって、その向かう先への示唆があるべきだと私は常に思っている。タコツボにはまったような狭い領域で、世の中の動きと無関係に研究にしのぎを削ることに批判的な立場を取っているつもりの自分が、生活実感のある社会科学者であるために、どのように発信していくべきなのか考えさせられた。

もしこの本が読者の心に届くメッセージを持っていたとしたら、関わってくださった方々のおかげである。第一稿を丁寧に読んで岩田さんが送ってくれた感想を、私は何度も読んで励まされている。きっとこの先も、迷ったときには背中を押してもらいたくなって読むだろう。新潮社の石井昂さんの大胆な修正提案は、今まで関わったどの編集者とも違い、私を戸惑わせた。しかし、きっと殻を破るチャンスなのだと信じることにした。殻をむかれて日干しにならないよう、後はよろしく頼みたいものである。また、担当編集者の大古場春菜さんほか、新潮社の社員の方々のご尽力なくしてこの本の刊行はかなわなかった。

そして、そのすべてのプロセスに寄り添ってくれた家族と、ころ太に感謝する。

二〇二四年九月

山田肖子

【参考文献・資料】

Abdi, Ali A. (2008) 'Europe and African thought systems and philosophies of education: "Re-culturing" the trans-temporal discourses,' Cultural Studies, Vol. 22, No. 2, pp. 309-327.

Adeya, Nyaki (2001) The Impact and Potential of ICTs in SMMEs: A project proposal prepared for the study of clusters in Kenya and Ghana. UNU/INTECH, Maastricht.

Agbodeka, Francis (1976) Achimota in the National Setting: A unique educational experiment in West Africa. Accra: Afram publications Ltd.

Aminaka, Akiyo (2021) "Education and Employment: Genesis of Highly Educated Informal Workers in Mozambique" in Shoko Yamada, Akira Takada, and Shose Kessi (eds). Knowledge, Education and Social Structure in Africa, pp. 179-212. Bamenda: Langaa RPCIG.

Appiah, Peggy, Kwame Anthony Appiah, and Ivor Agyeman-Duah (2001) Bu Me Be: Proverbs of the Akans, Accra: Ayebia Clarke Publishing.

Bandura, A. (1986) Social Foundations of Thought and Action: A Social Cognitive Theory. Englewood Cliffs: Prentice-Hall.

Biesta, Gert J. J., and Deborah Osberg (2007) 'Beyond re/presentation: A case for updating the epistemology of schooling,' Interchange, Vol. 38, No. 1, pp. 15-29.

Bowles, S., H. Gintis, and M. Osborne (2001) "Incentive-enhancing preferences: Personality, behavior, and earnings," American Economic Review, Vol. 91, No. 2, pp. 155-158.

Chandler, N.D. (2006) "The Possible Form of an Interlocution: W. E. B. Du Bois and Max Weber in Correspondence, 1904-1905." CR: The New Centennial Review, Vol. 6, No. 3, pp. 193-239.

Dewey, John (1929) "My Pedagogic Creed," Journal of the National Education Association, Vol. 18, No. 9, pp. 291-295.

Floridi, Luciano (2011) The Philosophy of Information, Oxford: Oxford University Press.

Fosdick, R.B. (1962) Adventure in Giving: The Story of the General Education Board, a Foundation Established by John D. Rockefeller, New York: Harper & Row Publishers.

Foster, Philip (1965) The vocational school fallacy in development planning. In: Anderson, A., Bowman, M. (eds.), Education and Economic Development. Aldine, Chicago, pp. 142-166.

Gergen, Kenneth J. (2009) Relational Being: Beyond Self and Community, Oxford: Oxford University Press.

Goody, Jack (1987) The Interface between the Written and the Oral, Cambridge: Cambridge University Press.

Government of Ghana (2018) Population and Housing Census 2018: Demographic, Social, Economic and Housing Characteristics Report, Accra, Ghana Statistical Service.

Haley, Alex (1998) "Black history, oral history and genealogy." Robert Perks and Alistair Thomson (eds), The Oral History Reader. London: Routledge.

Higgs, Philip (2008) 'Towards an Indigenous African educational discourse: A philosophical reflection,'

International Review of Education, Vol. 54, No. 3/4, pp. 445-458.
Illich, Ivan (1973) Tools for Conviviality, New York: Harper & Row.
Jones, Philip W. (1992) World Bank Financing of Education. New York: Routledge.
Graham, C.K. (1971) The History of Education in Ghana: From the Earliest Times to the Declaration of Independence. London: Frank Cass & Co. Ltd.
Guggisberg, G. (1927) The Gold Coast: A Review of the Events of 1920-1926 and the Prospects of 1927-1928. Accra: Government Printing Works.
Heckman, J.J. and Y. Rubinstein (2001) "The importance of noncognitive skills: Lessons from the GED testing program," American Economic Review, Vol. 91, No. 2, pp. 145-149.
International Labour Organization(ILO)(2017)Global Employment Trend 2016. Geneva: ILO.
International Monetary Fund (IMF)(2020) IMF DataMapper. Retrieved on March 24, 2020. https://www.imf.org/external/datamapper/NGDP_RPCH@WEO/OEMDC/ADVEC/WEOWORLD/SSQ
Kimble, D. (1963) A Political History of Ghana: The Rise of Gold Coast Nationalism 1850-1928. Oxford: Clarendon Press.
Lave, Jean and Etienne Wenger (1991) Situated Learning: Legitimate Peripheral Participation. Cambridge University Press.
Leeds-Hurwitz, Wendy (1993) Semiotics and Communication: Signs, Codes, Cultures. New York: Routledge.
McCormick, D. (1998) Enterprise Clusters in Africa: On the Way to Industrialisation? IDS Discussion

Paper 366, Nairobi-Kenya.

Newlands, H.S., Hussey, E.R.J., & Vaughan, W.W. (1932). Report of the Committee appointed in 1932 by the Governor of the Gold Coast Colony to inspect the Prince of Wale's College and School, Achimota. London: The Crown Agents for the Colonies.

OECD (Organisation for Economic Co-operation and Development) (2005) Development Aid at a Glance 2005. Paris: OECD.

------------ (2009a). Education at a Glance 2009. Paris: OECD.

------------ (2009b). Development Aid at a Glance 2009. Paris: OECD.

------------ (2023). Family Database. https://www.oecd.org/els/family/database.htm ２０２３年８月24日取得

Ong, Walter J. (1982) Orality and Literacy, London: Routledge.

Peciakowski, Tomasz (2014) "Pierre Bourdieu and Sociology of Intellectuals. A Theoretical Framework for the Analysis of the Intellectual Field, With Special References to Poland," in Thomas Medvetz and Jeffrey J. Sallaz (eds) The Oxford Handbook of Pierre Bourdieu, pp. 454-478.

Plaza, Sonia and Dilip Ratha (2011) Diaspora for Development in Africa. World Bank.

Sachs, Jeffrey (2005) The End of Poverty: Economic Possibilities for Our Time. Penguin Books.

Said, Edward W. (1993) Representations of the Intellectual, Vintage.

Sivonen, S. (1995) White-Collar or Hoe Handle?: African Education under British Colonial Policy, 1920-1945. Helsinki: Suomen Historiallinen Seura.

Williams, C. Kingsley (1962) Achimota: the Early Years 1924-1948. Accra: Longmans.
World Bank (2023) World Development Indicators. https://data.worldbank.org/indicator/SE.XPD.PRIM.ZS?locations=JP&view=chart. ２０２３年８月７日閲覧
Yamada, Shoko (2023) "Use-Value and Exchange-Value: Differential Effects of Schooling and Skills on Work," NORRAG News, No. 44.
———— (2023) "Constructivist Analysis of Cross-Sectional Data on Varieties of Skills: Soft Skills, Hard Skills, Personalities, and Workplace Rewards in Ghana and Ethiopia," in Shoko Yamada and Simon McGrath (eds), special issue "Skills for Development Revisited," International Journal of Educational Development.
———— (2022) "Can We Achieve Equitable Learning Beyond Hierarchical Measurement? Challenges in the Era of Lifelong Learning" A response to the conference theme, Comparative and International Education Society. https://cies2023.org/written-responses/can-we-achieve-equitable-learning-beyond-hierarchical-measurement-challenges-in-the-era-of-lifelong-learning/.
———— (2018) 'Dignity of Labour' for African Leaders: The Formation of Education Policy in the British Colonial Office and Achimota School on the Gold Coast. Bamenda: Langaa RPCIG.
———— (ed) (2016) Post-Education-for-All and Sustainable Development Paradigm: Structural changes with diversifying actors and norms. London: Emerald Publishing. p. 392.
———— (ed) (2010) Multiple Conceptions of Education for All and EFA Development Goals: The processes of adopting a global agenda in the policies of Kenya, Tanzania, and Ethiopia. p. 255. VDM

Publisher.
Yamada, Shoko and Christian S. Otchia (2022) "Differential Effects of Schooling and Cognitive and Non-cognitive Skills on Labour Market Outcomes: The Case of the Garment Industry in Ethiopia," International Journal of Training and Development, Volume 26, Issue 1, pp. 145-162.

Yamada S. and Otchia C. S. (2020) "Perception Gaps on Employable Skills between Technical and Vocational Education and Training (TVET) Teachers and Students: The Case of the Garment Sector in Ethiopia." Higher Education, Skills and Work-based Learning.

Yamada Shoko, Otchia C.S. and Taniguchi K. (2018) Explaining differing perceptions of employees' skill needs: the case of garment workers in Ethiopia. International Journal of Training and Development, Volume 22, Issue 1, pp. 51-68.

イリイチ、イヴァン著、渡辺京二・渡辺梨佐訳（２０１５）『コンヴィヴィアリティのための道具』筑摩書房（原著１９７３年）

イリッチ、イヴァン著、東洋・小澤周三訳（１９７７）『脱学校の社会』東京創元社（原著１９７１年）

内田良（２０１５）『教育という病　子どもと先生を苦しめる「教育リスク」』光文社

クーン、トーマス著、中山茂訳（１９７１）『科学革命の構造』みすず書房

厚生労働省（２０２３）『２０２２（令和４）年　国民生活基礎調査の概況』https://www.mhlw.go.jp/toukei/saikin/hw/k-tyosa/k-tyosa22/index.html　２０２３年８月24日取得

国際連合広報センター（２０２０）２０３０アジェンダ　https://www.unic.or.jp/activities/economic_social_development/sustainable_development/2030agenda/sdgs_logo/　２０２０年４月５日アクセス

国立高専機構（２０２２）『独立行政法人 国立高等専門学校機構 概要（２０２１年度）』
斉藤泰雄（２００５）「日本の近代化と教育の発展」独立行政法人国際協力機構編著『日本の教育経験：途上国の教育開発を考える』東信堂、17-61ページ
ドーア、ロナルド著、松居弘道訳（１９７８）『学歴社会　新しい文明病』岩波書店
戸田山和久（２００２）『知識の哲学』産業図書
林要（２０２３）『温かいテクノロジー』ライツ社
広瀬隆・明石昇二郎（２０１１）『原発の闇を暴く』集英社
マズロー、アブラハム著、小口忠彦監訳（１９７１）『人間性の心理学　モチベーションとパーソナリティ』産業能率短期大学出版部
日本放送協会（ＮＨＫ）「高学歴でも就職できない　厳しさ増す韓国就活事情」『ＮＨＫニュースウェブ』、２０２１年3月15日掲載、２０２３年8月24日取得　https://www3.nhk.or.jp/news/html/20210315/k10012915581000.html
ふるまいよしこ（２０２３）「中国で大学生が空前の就職難！なのに政府は高齢者の再就職を奨励…何が起きてる？」『ダイヤモンド・オンライン』、２０２３年6月23日掲載、２０２３年8月24日取得　https://diamond.jp/articles/-/324906
文部省（１９７２）『学制百年史』帝国地方行政学会
柳治男（２００５）『〈学級〉の歴史学　自明視された空間を疑う』講談社
読売新聞（２０２３）「進む東京大学の「国家公務員離れ」」、日本の将来へ「働き方改革」のほかに処方箋は」２０２３年7月17日掲載、２０２３年8月25日取得　https://www.yomiuri.co.jp/column/politic

s01/20230710-OYT8T50117/
渡邉正裕（２０２２）「東大生の人気職種！「コンサル」は最高どれくらい稼げるのか？」『ダイヤモンド・オンライン』、２０２２年12月13日掲載、２０２３年８月25日取得 https://diamond.jp/articles/-/313591
山田肖子（２００４）「アフリカにおける内発的な教育理念と外生的カリキュラムの適応に関する課題」『国際教育協力論集』７巻２号 pp. 1-13
――（２００５ａ）「教育セクターにおける公共財政とＰＲＳ」笹岡雄一・山田肖子・平尾英治著『アフリカにおける貧困削減の制度形成』ＧＲＩＰＳ開発フォーラムディスカッションペーパー No. 7. pp. 24-43
――（２００５ｂ）「「伝統」と文化創造‐植民地ガーナのアチモタ学校における人格教育」『アフリカ研究』67号 pp. 21-40
――（２００８）「ＥＦＡ推進の国際的、国内的動機と学校、家庭へのインパクト：エチオピアの事例」小川啓一・西村幹子・北村友人編著『国際教育開発の再検討 途上国の基礎教育普及に向けて』pp. 108-136 東信堂
――（２０１１）「「住民参加」を決定づける社会要因―エチオピア国オロミア州における住民の教育関与の伝統と学校運営委員会」『国際開発研究』20巻２号 pp. 107-125
――（２０１７ａ）「徒弟修行の若者たち―ガーナの産業都市クマシで」清水貴夫・亀井伸孝編『子どもたちの生きるアフリカ 伝統と開発がせめぎあう大地で』昭和堂
――（２０１７ｂ）「学習者が選び取る職業教育パス：ガーナ国クマシ市の職業教育訓練機関にお

ける自動車修理関連分野の生徒に対する質問票調査から」『アフリカ研究』97号、pp. 1-18
――（単編著）（2019）『世界はきっと変えられる　アフリカ人留学生が語るライフストーリー』明石書店
――（編著）（2023）『「持続可能性」の言説分析』東信堂
山田肖子・松田徳子（2007）『アフリカにおける職業・産業人材育成（TVET）―変化する支援環境と人材需要への対応―』国際協力機構国際協力総合研修所
ルソー、ジャン＝ジャック著、永杉喜輔・宮本文好・押村襄訳（1982）『エミール』玉川大学出版部

【博士論文の調査で収集した資料】
ガーナ
National Archives of Ghana
Central Regional Archives, Cape Coast
School records - Achimota School, Mfantsipim School, Adisadel College
イギリス
Public Record Office (PRO)
□ CO 96 Gold Coast Correspondence.

□ CO 98 Gold Coast Sessional Papers and Reports.
□ CO 323 General Correspondence.
□ CO 554 West Africa Correspondence.
□ CO 847 General Africa Correspondence.
□ CO 1045 Sir Cox Collection.

Rhodes House Library, Oxford University
□ Oxford Project on the Development of Education in Pre-independent Africa.

School of Oriental and African Studies (SOAS), University of London
□ The Conference of British Missionary Society and the International Missionary Council Archives (CBMS-IMC), Box 207-230, 263-267.
□ Wesleyan Methodist Missionary Society Archives (WMMS), Synod Minutes.
□ WMMS, West Africa Correspondence.

アメリカ
Phelps-Stokes Fund
□ Minutes of Board Meetings.
□"Twenty-Five Years of Thomas Jesse Jones and the Phelps-Stokes Fund" unpublished volume.

Rockefeller Archive Center (RAC)
□General Education Board, Series 1-2.
□International Education Board, Series 1.
□Rockefeller Foundation Archives No. 26, Series 1.

定期刊行物・雑誌
□Africa
□International Review of Mission
□Overseas Education
□Journal of the Royal African Society
□Southern Workman

新聞
□African Times and Orient Review
□Gold Coast Independent
□Gold Coast Leader
□Gold Coast Nation

□Gold Coast Spectator
□Gold Coast Times
□Vox Populi
□West Africa Times

山田肖子　1968年東京都生まれ。名古屋大学大学院国際開発研究科教授。専門は比較国際教育学、アフリカ研究。早稲田大学法学部卒業後、コーネル大学修士課程、インディアナ大学博士課程修了(Ph.D.)。

Ⓢ新潮新書

1060

学《まな》びの本質《ほんしつ》

著　者　山《やま》田《だ》肖《しょう》子《こ》

2024年10月20日　発行

発行者　佐　藤　隆　信

発行所　株式会社 新潮社

〒162-8711　東京都新宿区矢来町71番地
編集部(03)3266-5430　読者係(03)3266-5111
https://www.shinchosha.co.jp
装幀　新潮社装幀室

印刷所　錦明印刷株式会社

製本所　錦明印刷株式会社

ISBN978-4-10-611060-3　C0237

価格はカバーに表示してあります。

新潮新書

820
ケーキの切れない非行少年たち
宮口幸治

認知力が弱く、「ケーキを等分に切る」ことすら出来ない――。人口の十数%いるとされる「境界知能」の人々に焦点を当て、彼らを学校・社会生活に導く超実践的なメソッドを公開する。

882
スマホ脳
アンデシュ・ハンセン
久山葉子訳

ジョブズはなぜ、わが子にｉＰａｄを与えなかったのか？　うつ、睡眠障害、学力低下、依存……最新の研究結果があぶり出す、恐るべき真実。世界的ベストセラーがついに日本上陸！

968
バカと無知
人間、この不都合な生きもの
橘　玲

50万部突破『言ってはいけない』著者の最新作。キャンセルカルチャーは快楽？　「子供は純真」か？　「きれいごと」だけでは生きられないことを科学的知見から解き明かす。

980
正義の味方が苦手です
古市憲寿

正しすぎる社会は息苦しい。戦争が起き、元総理が殺され、コロナは終わらない。揺らぐ社会をみつめ考えた、「正しさ」だけでは解決できない現実との向き合い方。

983
脳の闇
中野信子

承認欲求と無縁ではいられない現代。社会の構造的病理を誘うヒトの脳の厄介な闇を解き明かす。著者自身の半生を交えて、脳科学の知見を媒介にした衝撃の人間論！

Ⓢ新潮新書

1051
人生で大損しない文章術
今道琢也

相手にうまく「伝わる文章」を書くためには、いったいどうすればいいのか？　文章指導の達人が、まずは問題をきちんと読むことから始まる「正しい手順」を明快に伝授する。

1052
義父母の介護
村井理子

認知症の義母と90歳の義父のケアに奔走する日々。仕事も家事も抱えたままで、やがて体力と気力は限界に……。最初の一歩から悪徳業者との闘いまで、超リアルな介護奮闘記！

1053
データ・ボール
アナリストは野球をどう変えたのか
広尾　晃

打率よりも打球速度、防御率よりもK／BB。データ革命によって、選手の評価軸は激変した。現場の隅々にまで入り込んだアナリストたちによって進化する、プロ野球の最前線レポート。

1054
脱炭素化は地球を救うか
池田信夫

地球温暖化は事実だが、それは果たして「人間の活動が生んだ悪」なのか？　そもそも本当に止められるのか？　科学的データに基づいて硬直的な脱炭素化論議に一石を投じる論争の書。

1055
オスの本懐
和田秀樹
池田清彦

近頃ニッポンの男性は元気がない。とかく「不適切」だと叱られる世の中で、オスがオスらしく生きるためにどうあるべきか、本音しか言わない医師と生物学者の痛快アドバイス！

Ⓢ新潮新書

1043 **トランプ再熱狂の正体** 辻浩平

前回選挙の敗北を受け入れず、司法当局の追及も受ける男に、なぜ人々は熱狂するのか。支持者の声から浮かび上がる、その正体とは？ 分断国家アメリカの「今」に迫る第一級レポート。

1056 **アマテラスの正体** 関裕二

歴代天皇は、祖神アマテラスを祀る伊勢神宮を、避けてきた。一体なぜなのか。これまで注目されなかった「ある神」に光を当てることで、古代史研究の鬼才が、最大の謎を解き明かす。

1057 **韓国消滅** 鈴置高史

先進国最低の出生率と、先進国最高の自殺率。韓国社会はあたかも、「消滅」に向かって駆け出し始めたかのごとくである。朝鮮半島情勢「先読みのプロ」が指摘する冷徹な現実。

1058 **住職はシングルファザー** 池口龍法

型破りな僧侶が、いろいろあって離婚。お寺と家族を守るため、仏事・家事・育児の〝三役〟に挑む。葬儀、オネショ、婚活……ハプニングだらけの日常を綴る、シンパパ住職の奮闘記！

1059 **軍産複合体** 自衛隊と防衛産業のリアル 桜林美佐

顧客は自衛隊のみ、低い利益率、「死の商人」批判……。実は防衛産業から足抜けしたい企業は少なくないのだ。長年、自衛隊と防衛産業の取材を続けている専門家による現状診断。